# 우리말의 뿌리

# 우리말의 뿌리

정호완 지음

보고사

# 글 머리

고맙습니다.
그대의 은혜가 어머니와 같습니다.
행복하소서.

# 글눈

# 제1장

# 고맙다의 힘

    고맙습니다. 한마디에 느끼는 어머니 같은 찐더운 정은 어디서 오는 것일까. 나뭇잎이 떨어지면 다시 뿌리로 돌아간다. 그 뿌리 샘에서 흘러나오는 옹달샘들이 흘러 모여 내를 이루고 겨레문화의 강을 이루어 삶의 바다로 흘러들었다면 고맙다에 무슨 힘이 있는 것일까. 그 사연은 어떤 모습으로 겨레의 강산에 메아리치고 있는지. 고맙다가 겨레의 화두이고 솟대라면 어떨까.

    고맙다의 뿌리는 고마다. ≪용비어천가≫에 오늘날의 곰나루를 고마 나루라 적고 있기에 그러하다. 그럼 고맙다는, 당신이 고마와 같다는 말이 된다. 단군의 어머니가 웅녀(熊女) 곧 고마였으니 당신의 은혜가 어머니와 같다는 말이 아닌가.

    곰 하면 단군신화가 떠오르고 백두산과 고마나루가 연상된다.

단군이 누구인가. 우리 겨레의 머리이며 고조선을 아사달에 세워 나라를 다스렸던 가장 이른 시기의 거룩한 임금이었다. 백두산을 웅신산(熊神山)이라고도 한다. 한마디로 곰뫼다. 백두산은 하늘 아래 가장 높고 경건한 믿음의 솟대이므로.

하면 고맙다는 상대방의 은혜가 웅녀와 같다, 곧 조상신의 은혜와 같고 하느님의 그것과 같다는 말이다. 고마는 조상신이며 하느님이었고 어머니였다. ≪신자전≫에서는 모든 만물을 있게 한 하느님을 '검'이라 했다. 소리마디의 짜임은 같고 홀소리가 바뀌었을 뿐, 거미(검)-감(가미)-고마(곰)는 한 뜻에서 갈라져 나온 낱말 겨레들이다. 고마는 우리 겨레의 자궁이요, 씨알이었다.

생명의 힘은 고마로부터 온다. 푸른빛으로 너울거리는 생명의 바다. 그것은 물과 불에서 말미암는다. 주황색과 물색이 만나면 초록의 빛깔이 나온다. 물은 높은 곳에서 낮은 곳으로 흐르며 생명이 태어나는 뿌리요, 물레방아다. 덜커덩 시르릉 돌아가는 물레방아는 우리 심장의 소리와도 다르지 않다. 왜 신을 우리말로 검이라 했을까. 고마와 그 소리가 너무 비슷하다. 고마신(곰신)에서 짐승으로서 고마의 뜻은 시간의 흐름을 따라서 사라져 버렸다. 오로지 신이라는 뜻으로만 쓰였던 것으로 보인다. 한번 고마는 영원한 고마니까. 세상에 존재하는 것치고 변하지 않는 것은 없다. 말소리도 마찬가지. 고마의 소리가 바뀌어 오늘날의 어머니가 되었다면 어떨까.

　너무 지나치게 찍어다 부쳤다고 할 것인가. 기역의 소리가 약해지면 히읗, 다시 이응이 된다(ㄱ〉ㅎ〉ㅇ). '고물고물(구물구물)-호물호물(후물후물)-오물오물'이나 '곰패다-홈패다-옴패다'에서도 같은 쓰임을 엿볼 수가 있다. 한자의 경우도 크게 다르지 않다. 군(軍)-훈(渾〈중국어〉)-운(運)/견(見)-현(見)-연(硯)에서도 그런 가능성을 쉽게 찾을 수 있다.

　이러할진대, 고마(곰)-호마(홈)-오마(옴)의 걸림만이 이상할 게 없다. 어머니의 방언을 보면, 옴마-암마-움마 형이 있음을 보아 고마(곰)-어머니(엄마)의 대응됨의 개연성이 높다.

　어머니는 나의 생명이, 우리의 목숨이 깃들어 자란 둥지요, 보금자리였다. 온갖 희로애락이 강물처럼 흘러들어 내 영혼의 들을 적셔주는 젖줄이었으니. 영원히 그립고 애끈한 정신적 본향인 것을.

　어머니는 물이다.

　물이 없으면 생명체가 살아갈 수 없다. 물이란 무엇인가. 안개와 같은 작은, 아주 작은 물방울이 모여들어 이루어진 결정체를 이른다. 물이 모여 샘물이 되고, 다시 가람으로, 바다가 되어 흐른다. 물은 수증기로 화하여 바람을 타면 기압골로 흘러 구름의 바다를 이룬다. 마치 돌아가는 바퀴처럼, 세상은 다 그렇게 흘러가는 거라고 읊조리듯이.

물의 옛말은 믈이다. 뒤로 와서 물로 소리가 바뀐다. 물이 흐르는 공간은 땅이다. 솟으면 산이 되고 낮으면 골짜기나 벌판이 되기도 한다.

물은 땅으로 스며들어 젖줄이 되면 뭇 생명들이 그 물로 목을 축인다. 숲을 이루고 많은 목숨 들이 먹거리의 고리를 이룬다. 물이 우리 몸속으로 흘러들면 피가 된다. 요소요소에 피를 공급하여 힘이 되고 살이 된다. 제 구실이 다 하면 다시 몸 밖으로 흘러나온다.

물-불-풀에서 풀은 생명이다. 생명이란 물과 불에서 풀로 가는 고리 모양의 함수라면 어떨까. 물은 낮은 곳으로 흐르며 비탈진 곳으로 흐르면 소리를 내며 바람이 불면 춤을 춘다. 때로는 쯔나미가 되어 엄청난 재앙을 불러일으킨다. 우리가 보았을 때 재앙이지 그 것은 불이 존재하는 하나의 모습에 지나지 않는다.

때로는 빛과 열에너지를 일으키며 끝없는 종족 보전의 매체로 떠오른다. 화석 연료가 동이 나면 물을 분해하여 수소를 이용한 많은 물체들이 앞을 다투어 땅위를 질주하며 새로운 판도를 연출하게 되지 않겠는가.

어머니는 부활이며 헌신의 표상이다. 한 알의 씨알이 땅 속에 묻히면 새로운 생명을 낳는다. 여기 땅은 어머니다. 끊임없이 감싸 안으며 정성을 쏟아 붓는다. 작은 싹들이 홀로 꽃을 피우고 죽음에 이를 때까지. 무슨 조건이 없다.

겨울이면 씨앗을 거두어 들였다가 봄이면 이 대지 위로 새로운 생명을 불어 넣는다. 비록 나를 낳아준 어머니는 돌아가시고 없어도 내 몸속에 어머니의 따스한 피가 흘러 돈다. 그 기운은 영혼의 힘으로 작용한다. 어머니는 정녕 희망봉이요, 안식과 그리움임을 우리는 잘 안다. 달은 그믐에 졌다가 초생 달로 그리움처럼 떠오른다.

환하고 둥근 달이 뜨는 밤이면 달은 어머니의 얼굴로 우리들에게 다가선다. 그런 믿음 때문에 어려운 일에 허덕일 때도 달을 보며 어머니를 부르면서 위안의 언덕을 오른다.

흔히 어머니들은 장독대나 우물가에서 집 가까운 바위 아래서 촛불을 밝혀 놓고 아이들의 병 없음과 집안의 안녕과 번영을 빌고 또 빈다. 달님에게. 그러다 아예 달님의 영상으로 우리들 마음속에 자리 잡고서는 평생을 그리워하며 살아간다. 우리들 마음 속에 어머니는 달님의 영상으로 떠오른다. 그래서 달님은 우리의 어두운 영혼을 일깨워 주며 지친 어깨를 추스려준다.

저승 어디쯤서 천국의 어느 곳에선가 어머니는 달빛으로 우리들의 어두운 길목을 비추고 계실 것만 같다. 보이지 않는 어머니의 염력과 믿음을 갖고 살기에.

고마는 아주 중요한 먹거리였다. 우리의 먼 조상들이 눈 쌓인

산에서 혹은 벌판에서 살 때, 고마(곰)는 겨우 내내 두고두고 고기를 먹고 그 뼈로 집을 짓거나 쳐들어오는 짐승들이나 외적을 막는다. 가죽은 이부자리며 추위를 막기 위한 방장으로 썼다. 말 그대로 아주 값진 자산이었고 버팀목이었다. 전설에 따르면 고마는 사람과 같이 말을 하며 아이를 낳고 교감을 할 수 있는 존재였다. 적어도 우리의 조상들은 고마가 사람의 조상이라고 믿었다. 만주사람들은 고마를 호모뜨리, 조상신을 호모꼬르, 영혼을 호모겐이라 하였으니. 여기 호모는 바로 고마에서 비롯한 말이라 여겨진다. 고마(곰) – 호마(홈)-오마(옴)의 걸림을 상정할 수 있기에 그러하다. 어머니는 살아계실 때나 돌아가신 뒤에도 우리들의 영원한 고향이요 그리움인 것을.

고마를 섬김으로 얼은 정녕 가을 하늘
섬기는 이 다스리고 사랑의 혀 뼈를 꺾어
초록빛 그리움으로 돌아오는 반달이여

아무르 강 시츄섬에서 사는 겨레들이며 흥안령의 어룬춘이나 어원카 겨레들은 지금도 사냥을 하면서 수렵생활을 하고 산다. 이들은 아직도 곰을 자신들의 조상신이라 믿고 있으며 제사를 모신다.

제의 때마다 저네들은 곰에게 화해를 청한다. "곰님, 저희가 실수로 당신을 죽인 것이니 용서해주십시오."라고. 곰의 머리를 단

위에 올려놓고 앞의 주문을 외우며 제사를 모신다.(오리발 내미는군)

곰의 머리를 베어 단 위에 올려놓고 그렇게 중얼거리며 곰 제의를 지낸다. 오늘날 고사를 지낼 때, 주로 돼지 머리를 단 위에 올려놓고 담배나 돈을 물린다. 거슬러 오르면 곰 머리에 경건한 의례를 올렸을 것이다. 오늘날에도 중국의 흥안령에서 어원카나 어룬춘 겨레들이 그렇게 하였듯이.

고마는 모태상징이며 북향을 이른다. 눈보라 몰아치는 겨울, 곰은 어딘가에서 잠을 자면 봄날의 꿈에 젖는다. 배설물도 자신의 몸안에서 걸러 물을 안 마셔도 별 탈 없이 겨울을 지낸다. 잠에서 깨어나면 몸무게는 거의 50킬로그램쯤 빠진다. 봄이 오면 긴 잠을 떨치고 일어나 생명의 불꽃이 활활 타오르는 봄날을 누린다. 환한 세상에 새로이 태어난 듯. 민속학에서는 우리 겨레의 본향을 바이칼 호수 쪽으로 풀이하기도 한다. 겨울이면 날아 왔다가 봄이면 다시 되돌아가는 기러기가 그러하다는 거다. 그래서인가 사람이 죽게 되면 옷가지를 지붕으로 던지면서 복(復)을 불렀다. 본향에서 부활하라는 것이다. 밤하늘에는 언제나처럼 북두칠성과 북극성이 빛난다. 우리는 꿈을 꾸며 새벽을 맞는다. 우리들이 잠을 자는 동안에도. 하늘을 이고 살다보니 그러한가. 조상들이 그랬듯이 별에 대한 믿음을 갖고 살아 왔다. 저 영험한 별신에게 제사를 올리고 풍년과 자식 낳기를 빌었다.

별은 빛이며, 불이다. 불 중에 가장 큰 불은 태양이 아닌가. 너무나 먼 당신이기에 반짝거릴 뿐. 수없는 별들이 우리의 밤과 영혼을 어머니의 그 눈길로 지켜보고 있다.

# 곰 숭배의 발자취

## 1. 곰 숭배의 유래

곰 숭배의 흔적은 스위스 드라헨록의 동굴 안에서 처음으로 발견되었다. 곰의 옛말은 고마다. 주로 북방 추운 곳에서 곰이 살았고, 곰은 생활의 주요한 먹거리였으니 없어서는 안 될 짐승이었다. 여기서 그치지 않고 곰을 신으로 숭배하여 북방 지역에 사는 이들은 그들을 먹고 입히고 살게 하는 생산의 신 혹은 수호신으로서 믿게 되었다. 곰 숭배는 북방 샤먼 문화권에 널리 퍼져 있는 동물숭배다.

시베리아와 아이누를 비롯한 중국의 어룬춘(鄂倫春)과 어원커(鄂溫克), 그리고 허저(赫哲)와 다울(達斡尒) 등의 겨레들을 곰 토

공주의 웅신단

템의 대표적인 겨레로 들 수 있다. 이들 겨레들의 전설 가운데에는 사람과 곰이 혼인하는 전설이 적지 않다. 이들에게는 대략 곰절(熊節)과 살웅(殺熊), 그리고 곰 고기를 먹는 걸웅육(吃熊肉)과 곰 놀이, 곰 제사와 같은 풍속이 있다.

대표적인 것으로 어룬춘의 곰 이야기를 들 수 있다. 이는 단군 신화의 이야기와 비슷하여 어룬춘 겨레들의 조상이 곰이라는 속내를 암시하고 있다.

먼 옛날 한 사냥꾼이 암곰에게 잡혀가서 굴속에 갇혔다. 밖으로 나오지 못하고 몇 년 동안 함께 살았다. 한 마리의 새끼 곰을 낳았다. 어미 곰은 바위굴을 열어 놓은 채 새끼 곰을 데리고 먹거리를 찾아 밖으로 나갔다. 사냥꾼은 도망쳐 버린다. 그는 강변으로 나갔고 마침 뗏목이 있어 강을 건너갔다.

저물녘에 어미 곰은 새끼를 데리고 등에는 먹거리를 짊어지고 돌아왔다. 바위굴은 열려 있었다. 굴 안으로 들어가 보니 믿었던 사냥꾼은 없었다. 분노에 찬 나머지 암곰은 새끼 곰을 데리고 강변 모래에 보이는 사냥꾼의 발자국을 따라서 뒤를 쫓아갔다. 한참을 가다니 사냥꾼이 뗏목 위에 앉아 있는 걸 보게 되었다. 반가웠다. 암곰은 앞발을 들어 올려 어서 돌아오라고 하였으나 사냥꾼은 본체만체하였다.

어미 곰은 뛰어서 뗏목에 오르지 못함이 한스러울 뿐, 강은 아주 넓었고 어찌할 수가 없었다. 끓어오르는 분노를 참지 못하고 어린 곰을 힘껏 찢었다. 반은 사냥꾼에 던져 버리고 암곰은 오래오래 울었다. 둘로 찢긴 곰은 두 곳에 따로 살게 되었다. 어미를 따라간 곰은 그대로 곰이 되었고 아비를 따라서 간 곰은 어룬춘의 조상이 되었다는 사연. 어찌 보면 곰나루의 이야기와 비슷하다.

퉁구스들에게 곰 숭배는 곰을 사냥할 때 혹은 곰의 고기와 가죽을 얻기 위하여 곰을 죽이고 난 뒤의 장례의식 같은 데서 찾을 수 있다.

곰은 다른 사슴이나 고라니처럼 사냥을 한 뒤 머리를 천막 속의 보다 높은 곳인 마루 위에 놓는다. 머리를 정면으로 향하게 하고 입에는 담뱃대나 혹은 막대기를 물리고 천막에 사는 이들 가운데 부족장 같은 이들이 화해의 노래를 부른다.

"곰님 우리가 실수로 당신을 죽게 한 것이니 화를 푸십시오."

주변에서 흔히 집을 새로 짓거나 축제를 할 때 돼지 머리에다 막대기나 아니면 돈을 물리고 무사 안녕을 비는 풍속이 우리들에게도 남아 있음을 알 수 있다.

곰의 뼈는 따로 광속에 던져 넣든지 아니면 나무에 매달아 놓아 다른 짐승들이 해치지 못하도록 잘 갈무리한다. 뼈에 곰의 영혼이 깃들어 있다는 믿음이 있기 때문이다.

마치 사람이 돌아간 뒤 시신을 거두는 것과 같이 특별히 준비한 널빤지 위에다 곰의 뼈를 원래대로 잘 정리한다. 죽은 곰의 귀 구멍에는 나무로 만든 귀걸이, 손목에는 자작나무로 만나든 팔찌, 목뒤로는 풀로 땋은 변발 등으로 꾸민다.

이 가운데에도 곰의 눈은 나무 둥지에 뚫어 놓은 구멍에 놓아두든지 아니면 나무 가지에 매달아 둔다. 눈의 방향을 규칙대로 고정시키는 것이 보통이다. 그러고 나서 하는 말이,

"나는 여기에 너를 둔다. 너는 늘 그렇게 했던 것처럼 자연을 바라보라. 나를 쳐다보지 마라."

이는 죽음에 대한 퉁구스들의 세계관과 무관하지가 않다. 뼈는 죽지 않고 영원하게 사는 것이고 이 세상에서 끝이 나는 것이 아니라고 믿는 데서 말미암은 것이다.

사할린과 오호츠크 퉁구스들의 천지창조설을 따르면 이 우주에는 네 개의 공간이 있다는 것이다. 먼저 천상세계인 우구 부가와 중간 세계인 듀린 부가, 그리고 지하 세계인 에르드 부가와 죽은 뒤의 사후 세계인 돌보가 있다고 믿는다.

사할린 에벤키들은 곰을 직접 부르지 않고 은유적으로 부른다.

이는 마치 어른들의 이름을 버릇없이 함부로 부르지 않는 것과 비슷하다.

에벤키 말 가운데 할아버지는 에게게, 엉덩이는 바가야, 에벤스 말 가운데 아빠는 아미카, 노인은 게기, 끔찍스러운 것은 메메게와 같은 말들이 쓰인다. (디오세지·호팔 지음, 최길성 옮김, 《시베리아의 샤머니즘(1987)》, 민음사 참조)

곰을 숭배하면서도 고기와 가죽을 얻기 위하여, 혹은 곰이 사냥꾼을 공격하는 경우에는 곰을 죽여도 신앙상의 잘못이 아닌 것으로 제도화하고 있다. 이 때에도 반드시 화해의 의식을 하고 나서 사냥을 한다. 마가단 라무츠 겨레들은 암곰의 머리를 벨 때,

"우리의 맏누이를 너의 누이로 생각하라(에그메게지디군 에킹구르)."

라는 주문을 외우면서 머리를 벤다.

곰과 관련한 샤머니즘의 경우, 시베리아 켓족의 곰 무당을 들 수 있을 것이다. 곰형 무당들의 조상이자 수호신은 땅위에 살고 있는 코제스라 하는 신이다. 그 신은 무당들에게 콜라즈와 같은 도우미를 보내준다. 콜라즈는 굵은 낙엽송 그루터기에 살고 있는 여성 신으로 풀이된다. 굿을 하는 동안 무당의 영혼이 편히 숨을 수 있는 곳이기도 하며 북채, 북, 지팡이, 신발을 중심으로 하는 옷과 가죽 장갑, 가슴 가리개 등이 상징적으로 갈무리되어 있는

곳이기도 하다.

단군을 낳으신 굴 겨레의 탯줄이라
믿음의 터를 골라 거룩한 곳 점지하심
겨레여 이바지 드려 고마님께 두 손을

### ❏ 아이누들의 고마 숭배

일본 아이누 족의 신앙은 크게 자연숭배와 조상숭배로 이루어
진다. 아이누는 인간에게 관계가 있는 것이라면, 자연물이든 인공
물이든, 기본적인 모든 물건에 영혼이 존재한다고 믿었다.

어미와 새끼 곰(고마)

세계는 사람과 신으로 이루어지고, 인간은 신의 보살핌에 따라 번영하고, 신은 또 사람의 숭배에 의해 번영한다고 믿는다. 일종의 물활론이요 범신론이다. 그 신이라는 것은, 인간이 잡아먹는 모든 동물과 식물이다. 인간도 죽으면 신이 된다. 그 밖에 불과 물과 큰 산, 거대한 바위 종류도 또 혼을 넣어 만든 도구 등의 인공물에도 사람의 눈에 보이지 않는 영혼이 들어가 있다.

신이란 눈으로 볼 수 없는 영이고, 이 영은 신의 나라에서는 우리들 인간과 같은 몸을 가지고 집을 짓고, 화로를 피우고 옷을 입고, 서로 방문하기도 하고, 방문 받기도 하고, 초대하기도 하고, 초대받으면서 살고 있다고 한다.

사람도 죽으면 신의 나라로 가기 때문에 겸손하고, 정중하게 보내는 행사를 하는 것이다. 장례식에는 생전에 입었던 옷과 즐겨 쓰던 보석을 부장품으로 매장하는 것은, 죽은 뒤에도 신의 나라에서 영원히 살기 때문에 해마다 축제를 하고 이바지를 드린다. 만일, 그렇게 하지 않으면 신의 나라에서 인정받지 못한다. 조상신을 기쁘게 하는 것은 현세에서 화를 피하고 복을 받는다고 믿기 때문이다.

### ❏ 아이누의 곰 보내기

옛날부터 아이누들은 카무이 오만떼라 하여 곰 보내기 축제를 전래적으로 행하였다. 산 속에서 곰 새끼를 보면, 집으로 데리고 온다. 사람의 젖을 먹여 키우고, 사람처럼 먹거리를 주고, 소중하게 다룬다.

1~2년 후, 충분히 자란 뒤 겨울날을 골라서 신의 나라로 돌려보낸다고 하면서 기도를 한다. 곰으로 하여금 마음껏 놀게 한 후, 화려한 축제 장소에 데리고 가서, 곰의 넋을 위로하는 노래와 춤, 그리고 잔치를 베풀고, 많은 이바지를 한다.

아이누에게 곰은 산의 신으로 섬기는 최고의 신이다. 이에 비해, 바다 최고의 신은 범고래이고 깊은 바다 속의 신이라 불린다. 일상에서 제사하는 신은 따로 있다. 가장 큰 신은 불의 신이고, 이어서 집의 신이고, 그 다음은 조상신, 그 다음은 사냥신, 그 다음은 물신이다. 이렇듯 아이누에게 영혼은 불멸이고, 부활한다는 확고한 믿음이 있다.

사람의 죽음도 아이누는 긍정적으로 받아들인다. 죽음이란 영원한 즐거움을 누리고 저승으로 가는 길목이다. 아이누의 경우, 죽는 것은 두렵지 않지만, 보기 흉한 뼈를 이 세상에 남겨 두는 것이 슬프다고 한다.

아이누의 세계관으로는, 이 세상이란 3층으로 수직 구성되어 있다고 믿는다. 요컨대, 현실의 인간세계는 땅위에 있고 죽은 뒤의 세계는 땅 밑에, 그리고 신들의 세계는 하늘에 있다고 본다.

곰 보내기 같은 통과의례를 통해서 신들로부터 은총을 받고, 그 영속성을 보장 받는다고 믿는다. 따라서 아이누는 신과 사람이 거의 같은 자리에 있다고 생각한다.

아이누들의 대표적인 축제는 곰 보내기. 아사히 가와의 겨울 축제에서 행하여지는 곰보내기는 도내 각지에서 행하지만, 그 본디의 모습과는 많이 달라졌다. 일반적으로 구경꾼들에게 볼거리로 만든 것이 대부분이다. 많은 윤색이 이루어진다.

아이누들이 사냥을 그만두고, 일본인에 동화되어 버린 결과다. 본디 곰은 아이누에서는 단순한 사냥감이 아니었고 숭배의 대상이었다. 곰은 신의 나라에서 친구들을 모아서 사람과 같은 집에 살고, 사람과 같은 생활을 하고 있다고 아이누들은 생각한다.

때에 따라 사람의 모습으로 변장, 사람의 세계를 방문하고, 착한 사람에게 고기와 간, 털과 가죽을 선물로 주는 대신 정중한 곰 보내기의 예식에 의해 곰이 살던 본향으로 돌려보낸다. 이것이 곰 제의 본래 뜻이다. 때문에 산에서 어미 곰을 사냥하는 경우도 약식으로 곰보내기를 행한다.

곰보내기 의식으로 곰을 신의 나라로 보내고, 많은 토산물을 바치고, 이 곰이 아이누 나라에서 받은 은혜를 돌아가서 신들에게 알리면, 신들은 사람들에게 많은 먹거리를 베풀어준다는 것이다.

곰 제의는 나흘에 걸쳐서 행해지지만, 오늘날의 곰 제의는 하루만, 그것도 동물애호협회의 반대로 곰을 죽이는 흉내만 내는 볼거리가 되어버렸다. 나무로 만든 곰은 아이누가 옛날부터 조각해 온 것처럼 보이지만, 결코 동물은 조각하지 않았다. 곰을 닮게 만들면, 그 조각물에 혼이 머문다고 믿기 때문이다.

> 보내기가 안쓰러워 계절의 벼랑 끝에
> 눈 내리는 하늘 위로 곰 자리 별은 빛나
> 돌아 갈 길이 어디요 등대 삼아 가오리다

아이누가 나무 곰을 만들게 된 것은, 그 본래의 전설을 잊고 난 뒤의 일이다. 나무 곰 조각은 이 아사히 가와에서 약 반이 생산되고 있다. 게다가 시중에서 팔리고 있는 나무 곰 조각의 약 삼분의 일이 밖에서 들어 온 것들이다.

곰 제의는 아이누에서만 아니고, 북아메리카 대륙, 북유라시아 대륙의 모든 종족에 널리 행해지던 풍속이었다. 이들 종족에서는 곰은 다른 동물과 달리 아버지, 어머니, 형, 아저씨, 사촌, 할아버지라 불리는 것이 보통이다. 홋카이도에서 곰을 할아버지라고 부르는 것은 같은 맥락이다.

## ❏ 시베리아의 곰 숭배

눈날리는 설원과 툰드라의 푸른 초원, 북풍한설 몰아치는 바이칼

호수며 황금의 산이라 불리는 알타이산맥들의 출렁거림, 시베리아의 신석기시대에 곰 숭배 문화가 넓게 퍼져 있었음을 고고학은 말해 준다. 단군신

바이칼호

화의 모티브가 곰 숭배인 점을 생각할 때 시베리아의 곰 숭배 문화와 깊은 관련이 있다.

알렉센코가 조사 보고한 켓족의 샤머니즘에 대한 속내를 따르자면 켓족 무당 가운데에서도 카두크스 무당들이 가장 전형적이다.

이들은 흔히 곰 무당이라고 한다. 그들의 수호신이며 아버지라고 믿는 신은 코제스다. 칸데로크와 곰 무당들은 우주의 가장 가운데라고 믿는 지구의 으뜸신과 깊은 관계를 갖고 있다고 생각한다. 이들은 북의 유무에 따라 구분된다. 상징물 가운데에는 북채 대신 곰의 발이나 곰의 발 가죽을 묶은 북채가 가장 두드러진다.

곰 무당들은 곰의 코나 입의 가죽을 가지고 굿할 때, 얼굴에 붙이거나 샤무아 가죽고리와 함께 걸친다. 그리고 신발과 가죽 장갑에 곰의 뼈를 상징하는 쇠로 된 장식들을 단다. 칸데로크 무당들은 곰의 앞발에서 벗긴 가죽으로 기운, 팔꿈치까지 오는 장갑을 끼고, 뒷다리 가죽으로 만든 신을 신었다.

옛날 한국의 빗살무늬 신석기 문화를 남긴 사람들이 예맥족보다 앞서 살았던 바, 이들은 고아시아 족이다. 신석기 시대에 시베리아 일대에 널리 자리하여 고아시아 족이 알타이어 계통의 부족에게 밀려 태평양 연안에 그 흔적을 남기고 있는 사실은 단군 조선의 기원에 대한 중요한 실마리가 된다.

고아시아 족들은 알타이 말을 쓰며 예니세이강과 알타이산맥의 기슭에 깃들여 살았다. 단군신화는 시베리아와 연결되어 한반도에서 나타나는 신석기시대에서 청동기 문화를 누렸던 이들의 삶을 바탕으로 이루어진 이야기들이다.

민족의 문화를 언어와 혈통으로 갈래 짓는 일이 많다. 유전학에 따른 고아시아 족의 일부인 부리아트 사람들과의 유사성이나 생김새, 그리고 곰 숭배라는 제의 문화와 같은 점을 주목할 필요가 있다. 부리아트 겨레들이 뒤의 부여족으로 이어진다.

칸데로크 무당들의 수호신은 모든 곰들의 조상이며, 지상에 살고 있는 거룩한 존재인 아렐이다. 이 무당들은 하늘나라까지 올라갈 수 있으나 대부분 땅에서 활동한다. 단군 조선은 한반도의 신석기시대의 이러한 곰 숭배 신앙을 전승한 것이며, 이 시기의 주민은 한반도의 선주민인 고아시아 족이다.

이 시기는 중국에서도 정치적인 변혁의 때이며 한반도에서는 이후부터 민무늬 토기 시대와 청동기시대로 접어들게 된다. 역시

한민족의 형성도 이 시기부터 비롯되기 시작하였고 자료에 나타
난 겨레들이 예맥이었을 것이다.

> 가이없는 신화의 숲 신들의 메아리가
> 저 구름 흐르는 곳 시름 정녕 없을 것을
> 겨레의 절절한 꿈을 바이칼에 바람으로

## 2. 단군과 곰나루

환인 천제 때의 일이다. 그의 아드님이었던 환웅은 인간 세상을
다스리는 일에 뜻을 두었다. 이를 알아챈 아버지 하느님은 아들의
뜻을 알고서 오늘날의 백두산인 태백산 어름을 내려다보시고 인
간으로 하여금 널리 이롭게 할 만하다 하여 아드님에게 성스러운
천부인 세 개를 주어 내려가서 그곳을 다스리게 한다.

환웅은 삼천의 무리를 이끌고 묘향산의 신단수 아래로 내려와
신의 나라인 신시를 만든다. 그는 바람과 비와 구름을 다스리는
스승들을 거느리고 농사와 생명, 그리고 질병과 형벌, 선과 악을
다스렸다. 그 밖에도 인간 세상의 삼백 육십여 가지 일을 다스리
고 세상에 머물러 사람들을 널리 이롭도록 이끌어 갔다.

이 때 곰 한 마리와 범 한 마리가 같은 굴에서 살고 있었다. 그

단군의 초상

들은 환웅에게 사람이 되게 해달라고 빌었다. 환웅은 그들에게 한 타래의 쑥과 마늘 스무 쪽을 주면서 너희들은 이것을 먹고 백일 동안 햇빛을 보지 않고 삼가하면 사람이 될 것이라고 이른다.

곰과 호랑이는 쑥과 마늘을 먹고 몸을 삼간 지 스무 하루만에 곰은 여인이 되었고 호랑이는 참지 못하여 사람이 되지 못하였다. 하지만 곰은 혼인할 상대가 없었다. 신단수 나무 아래 가서 아이를 갖게 해 달라고 빌었다. 이에 잠시 사람으로 바뀐 환웅은 웅녀와 혼인하여 아들을 낳으니 그가 단군왕검이었다.

단군은 중국의 요 임금이 왕위에 오른 지 오십 년이 되는 경인년에 평양에 서울을 정하고 나라 이름을 조선이라고 하였다. 뒤에 수도를 백악산 아사달로 옮기었다. 아사달을 궁홀산 혹은 금미달이라고도 했다. 여기서 일천 오백년 동안 나라를 다스렸다. 기묘년에 주나라의 무왕이 기자를 조선의 임금으로 앉히니 단군은 장당경으로 옮겼다가 아사달에 숨어서 산신이 되었다. 나이는 일천구백 팔세였다(≪삼국유사≫).

단군의 보금자리 고마님의 품안이라
겨레의 젖줄 되매 빛으로 다스리심
온 누리 맑고 빛나게 하늘의 땅 삼고파

## ❏ 곰나루 이야기

옛날 어느 산골에 숲이
울창하고 들에는 밭갈이가
적었으니 사람들이 지금보
다는 적어서 마을도 적은
시절의 일이었다. 약을 캐
는 남자 한 사람이 나무가
많은 여미산(余美山)에 올

곰나루

라가 약초를 캐러 갔다. 곰에게 사로잡혀 곰과 같이 한 굴속에서
먹고 곰이 나갈 때에는 큰 바위로 문을 막기 때문에 밖으로 나갈
수가 없었다.

곰과 함께 굴속에서 사는 동안에 곰은 새끼를 낳았다. 어느 날
인가 새끼를 낳은 곰은 남자에게 믿음이 생기어 외출할 때 문을
막지 아니하였다. 오랫동안 자유를 얻지 못했던 남자는 문밖으로
나갈 수 있는 기회를 얻었고 인간의 생활이 그리워 강물을 헤엄쳐
건너간다.

이를 발견한 곰은 굴속에서 새끼를 데리고 내다보면서 남자를 되돌리려 해보았으나 남자는 들은 체도 않고 강을 건넜다. 이에 실망한 곰은 새끼와 함께 물에 빠져 죽었다. 곰이 물에 빠져 죽은 뒤로 갑작스런 돌풍이 일어나 배가 뒤집히는 일이 많았다.

그 뒤 사공은 곰을 제사하는 웅신제를 지내었고 뒤에는 공주 관원들이 제단을 설치하고 연중행사로 웅신제를 지냈다. 지금은 산에 나무가 없어지고 강에는 모래가 쌓이어 강의 깊이가 얕아지고 곰이 살던 굴은 강 밑으로 묻혀 버리고 말았다. 배로 건널 위험도 없어지니 웅신제도 지내지 않게 되었다(《공주군지》, 1957).

이야기는 곰을 겨레의 조상신으로 모시는 믿음에서 비롯한다. 곰신을 숭배하는 것은 아닐지라도 곰과 사람이 혼인을 하여 아이를 낳는다는 이야기는 단군신화와 크게 다를 바가 없다. 전하는 이에 따라서 조금씩 다른 점이 있으나 작게만 다르다.

곰이 아이를 낳고 겨레를 이루어 한 겨레의 조상신이 된다는 믿음은 물이나 땅이 먹거리와 목숨을 이어가는 데 반드시 있어야 할 거룩한 신으로 숭배되는 지모신 믿음으로 이어진다. 이러한 믿음은 산이나 강 이름에 드러나기도 한다.

곰나루 이야기에서 말미암은 강물 이름이 바로 금강이다. 곰내 혹은 곰나루에서 곰이란 한자는 없다. 소리와 뜻이 좋은 금(錦)으로 곰을 적고 내 혹은 나루는 강으로 적은 것이다. 김정호의 《대동지지》에 보면 금강의 원 이름이 웅천하(熊川河)였음은 이러한 가능성을 뒷받침한다.

팔공산의 곰 이야기로 오면 곰 신앙에 대한 이야기는 전혀 없고 다만 꿀을 먹으려다 자신의 머리를 다쳐서 죽는 미련한 곰과 농부의 속내로 마무리 된다. 제의 문화적 요소는 더 이상 찾기 어렵다. 곰신과 인간의 거룩한 관계는 없다. 그저 곰쓸개나 가죽 혹은 고기를 얻기 위하여 기르는 짐승일 뿐이다. 그럼 다른 겨레들의 경우는 어떠할까.

### □ 후민 마을과 아이누의 곰

#### 1) 후민 마을의 곰

왕핑은 장사하러 마을을 떠나 바다에서 풍랑을 만나게 되었다. 마침내 산으로 올라갔다 암곰에게 잡혀 굴속에서 부부가 되어 살았다. 둘 사이에 아이도 둘이나 낳게 되었다. 암곰이 마음을 놓고 사냥을 나간 동안에 바닷가에 있는 사람들의 배를 탔다.

뒤늦게 이 사실을 알게 된 곰이 헤엄쳐 왔다. 왕핑은 바다의 신에게 기도를 올리고 무사히 돌아왔으며 후일 물신의 사당을 지어 경배하게 되었다.

#### 2) 곰과 우카라

옛날 어느 산골 마을에 한 영웅이 살고 있었다. 그의 이름은 우카라(優卡拉)였다. 하루는 어느 마을을 지나가는데 마침 밥 짓는

연기가 나오는 문 앞에 이르러 사람을 찾았다. 한 처녀가 나와 들어가더니 집안의 노인에게 이르기를,

"사람이 왔습니다."

노인은 들어올 테면 들어오라는 것이다. 소녀는 우카라를 안내했다. 우카라는 인사를 드렸다.

"저는 산골 사람입니다."

노인이 우카라에게 말하였다.

"언제부터인지 우리 마을은 불운하게도 어려운 일을 당하게 되었소. 갈수록 사람은 줄어들고 매일 밤 모두가 두려움 가운데 살고 있소. 소년 영웅이 우리 집에 왔는데 청하건대 여기서 머물러 주시오."

소년은 말을 듣고 모닥불 옆에 앉았지만 잠이 오지 않았다. 한밤중이 되었을까. 곰의 울음소리가 들려 왔다. 다른 이들은 모두 깊은 잠에 빠졌다. 곰이 방문으로 달려들었다. 소년은 소리를 쳤다.

"나는 우카라다. 북을 울려라. 그리고 이 느림보 손님을 맞아들여라."

곰은 우카라의 고함 소리를 듣고 그만 잠이 들어버렸다. 우카라는 가볍게 칼을 들고 곰의 머리를 갈라놓았다. 사람들이 잠에서 깨어 모든 것을 알게 되었다. 자기들의 목숨을 살려 준 우카라에게 감사의 인사를 했다. 신주로 모시어 우카라의 이름을 적어 신

으로 모시게 되었다(아이누 전설).

### 3) 아내와 곰

나는 산으로 사냥을 갔다. 사냥하는 동안 임시로 작은 집을 세웠다. 다음날 신에게 드릴 나무로 된 예물을 만들어 집밖에 세워놓았다.

셋째 날 사냥하러 나가서 이어 사흘 동안에 많은 사냥을 하였다. 나는 아주 신이 나서 사냥한 것을 짊어지고 집으로 돌아왔다.

다리 가까이 와서 앞을 보니 집 굴뚝에서 연기가 났다. 이상하다. 집 앞으로 걸어갔을 때 밥을 짓는 소리가 났다. 누가 여기에 왔을까. 누가 여기서 밥을 짓는단 말인가.

궁금해 하면서 집안으로 들어갔다. 아내가 밥을 하고 있었다. 마루에 올라앉아서 젖은 신을 벗어놓았다. 아내는 손을 뻗어 신발을 받아서는 화로 가에서 신을 말렸다. 마음속으로 생각하기를, 아내가 어떻게 여기까지 올 수가 있을까. 이는 분명 신의 도움일 것이다. 여기까지 생각이 미치자 자세히 그의 얼굴을 보니 볼수록 아내와 비슷하였다. 눈에는 여인의 부드러움이 가득하였다.

그날 밤 아내와 함께 잠을 잤다. 다음날 날씨가 좋았다. 자리에서 일어난 아내는 바삐 밥을 지어 나에게 주었다. 서둘러 일어나 옷을 입고 얼굴을 씻고 밥을 먹었다. 아내는 나에게 말하였다.

"나는 돌아가야 한다. 당신은 내 뒷그림자를 보아야 한다."

이야기를 마치자 곧 가버렸다. 그녀는 어떻게 돌아간 것인지. 잠시 그의 몸이 흔들거리더니 한 마리 암곰으로 변하여 먼 곳으로 걸어갔다. 나는 곧 나무 위패를 곰에게 던져 곰의 영혼을 보내는 의식을 치렀다.

그날 밤 집에서 머물렀다. 다음날 사냥하러 나갔다. 짊어질 수 없을 정도로 많은 사냥을 하였는데 그 가운데는 값진 담비도 있었다. 그 뒤로 운이 열려 사냥은 말할 것 없고 바다에 가도 고기가 잘 잡혔다. 늘 바빴고 많은 사냥을 하였다. 만년에 이르도록 넉넉하게 행복한 생활을 하였다(아이누 전설).

### 4) 형수 지키기

나와 남편, 시동생과 나의 동생 이렇게 네 사람은 함께 살고 있었다. 나의 남편과 동생들은 모두 용감한 사람들이다. 창을 들어 한 번 찌르면 곰이 죽고 배를 타고 급류 가운데에서도 능히 바다의 표범을 잡을 수 있다.

그 마을에는 용감한 사냥꾼과 어민이 많지만 누구도 그들 형제와 겨룰 수는 없었다. 어느 날 나는 바닷가 언덕에서 들나물을 캐고 있었다. 이 때 긴 수염을 한 젊은이가 산 위에서 걸어내려 왔다. 내 옆으로 오더니 말하였다.

"담배쌈지에서 담배 한 대 주소."

그 남자의 숨소리를 들으면서 가슴이 두근거릴 정도로 두려웠다. 나는 담배쌈지를 꺼내 담뱃대에 담배를 넣어 그에게 주었다. 그는 담배를 다 피우더니 다시 담배를 말아서 나에게 주면서 불을 댕겨 건네 왔다. 나는 불을 가까이 하기 싫었지만 담배에 불을 댕겨 피우기 시작하였다.

한 모금을 빨자 곧 바로 나의 본심은 어디 가고 그 남자가 좋아졌다. 그는 얼굴을 들어 나에게 가까이 왔다. 가까워지자 그와 나는 손을 잡고 함께 들나물을 캤다. 얼마 안 되어 광주리가 가득 찼다.

곧 나와 결혼하여 같이 잘 것을 제의하였다. 우리는 산언덕에서 같이 잔 뒤에 사내는 산으로 들어가고 나는 나물바구니를 지고 집으로 돌아왔다.

저녁이 되자 남편은 나에게 아주 부드럽게 대했지만 남편과 함께 자지는 않았다. 다음날 나는 머리를 빗고 몸단장을 한 뒤에 산속에서 그 남자와 친해졌던 일을 여동생에게 말하였다. 문을 나설 때 동생이 뒤의 일을 보아달라고 부탁했다.

언니가 집을 나간 뒤 검은 콧수염을 한 남자가 와 먹거리를 주었다. 먹거리를 다 먹은 그는 손으로 언니를 만지니 언니는 곧 한 마리의 암곰으로 바뀌었다. 그 남자는 이어 수곰이 되었다. 이리하여 수곰은 앞에 암곰은 뒤에 서서 천천히 산 속으로 걸어갔다.

이야기를 들은 남편의 동생은 화가 치밀었다. 그는 열두 명의 용감한 젊은이를 찾아서 먹을 것과 창을 가지고 급하게 곰을 뒤쫓았다.

한참을 뒤쫓았으나 곰의 자취는 없었다. 친구들은 집으로 되돌아오고 남은 사람은 혼자였다. 가다 보니 어느 산벼랑에 곰의 굴이 있는 것을 보았다. 가보니 형수는 굴 안에 있었는데 두 아이를 안고 있었다. 수곰도 안에 있으며 또한 할아버지와 할머니도 있었다. 동굴 밖에서 소리쳤다.

"곰아. 네가 내 형수를 빼앗았다. 힘이 있으면 나와 한 판 붙자."

이 때 안에서 웬 상자를 내던지면서 말하였다.

"이 상자를 갖고 가라. 그러면 어느 마을에서도 아내를 얻을 수 있을 것이다. 나와 너의 형수는 이미 부부가 되었으므로 이 상자를 너에게 준다. 나는 곰이다. 아무 것도 없음은 네가 잘 알 것이다. 현재 내가 갖고 있는 것 반을 너에게 준다. 이제 모든 것을 해결하자."

끝내 그와 싸울 것을 요구하였다. 안에서 어느 할아버지가 말하였다.

"총각. 사람은 사람일뿐이네. 만일 싸운다면 죽을 것이다. 나도 사람에게 죽을 수 있다. 나는 신이다. 죽은 뒤 나는 다시 살 수 있다. 그러나 네가 죽으면 다시 살 수 없다. 그러니 슬기롭게 구는 것이 좋다."

그래도 싸움을 하자고 했다. 노인은 가서 아들을 흔들어 깨웠다.

"너를 찾는 사나이가 굴 어구에서 고함치며 너와 싸우자고 한다."

곰 사나이는 일어나지 않았는데 이 때 형수가 말하였다.

"나와 겨루자."

노인이 말하였다.

"너는 바로 아이를 낳았다. 몸의 피를 내어 그에게 뿌리면 그는 곧 아무 것도 볼 수 없게 된다."

형수는 노인의 말대로 하더니 나의 눈은 아무 것도 볼 수 없게 되고 뒤에 어떤 일이 일어나는 줄도 몰랐다. 깨고 보니 자신은 냇가에 누워 있었다. 노인은 내 머리맡에서 말하였다.

"네가 형수를 쫓아가면 드디어 이기게 될 것이다. 너를 돕고 싶다. 너는 일어나 바닷가로 가라. 곧 곰 새끼들을 잡을 수가 있다. 그런 뒤 마을 부근으로 돌아가면 또한 곰 새끼들을 잡을 수 있다. 합하여 곰이 열 마리. 마을로 돌아가 곰 새끼를 길러라.

네가 산에 가서 사냥하는 일은 그대가 노년에 이르면 할 수 없다. 매년 모두 60마리의 곰을 잡는 셈이 된다. 부자들에게 곰 가죽을 팔아 돈을 만들면 어느 마을에 가든지 아름다운 여자를 찾아 밥을 짓고 너를 위해 아이를 낳아 길러 줄 것이다. 너의 아이도 너와 같이 곰의 은혜를 입게 될 것이다.

현재 나는 아내와 딸이 있다. 나는 아이들에게 사냥과 고기잡이를 가르친다. 아내는 딸에게 옷과 밥 짓는 것을 알려준다. 나는 죽은 뒤에 천국에서 살게 될 것이다. 아이들도 너와 같이 매년 60 마리의 곰을 잡아 넉넉한 생활을 하게 될 것이다."(아이누 전설).


## 3. 곰의 영성과 인성

### □ 곰과 김대성

경주 땅 모량리에 경조라는 한 가난한 여인이 아들과 함께 살고 있었다. 그녀의 아들은 머리가 크고 이마가 평평하여 생긴 모습이 마치 성과 같다 하여 이름을 대성이라 불렀다. 그는 이웃 마을 부자 복안의 집에 가서 품팔이를 하며 그 집에서 얻은 몇 떼기의 밭을 갈아 끼니를 이어가고 있었다.

어느 날 점개 스님이 복안의 집을 찾았다.

"스님, 어서 오십시오. 이른 아침부터 어인 일이신지요."

"소승 흥륜사에서 개최할 육륜법회에 필요한 돈을 시주 받기 위해 이렇게 일찍 마을로 내려왔습니다. 정성껏 시주하셔서 부디 공덕을 지으시길… 나무관세음보살."

"스님, 저는 베 50필을 공양 올리겠사옵니다."

"신도가 즐겨 보시를 하면 하늘이 항상 보호하여 하나를 보시하면 만 배를 얻게 될 뿐 아니라 평안함과 장수를 누릴 것입니다. 나무관세음보살."

점개 스님이 이렇게 축원하는 말을 옆에서 물끄러미 듣고 있던 대성은 급히 어머니에게 뛰어갔다.

"아니 무슨 일이기에 숨이 턱에 차도록 이리 급하냐."

"어머니, 지금 막 어느 스님이 주인 어른께 하는 말을 들었는데요, 하나를 보시하면 만 배를 얻는다고 했어요. 아마 우리는 과거에 좋은 일을 한 것이 없어서 이같이 가난한가 봐요. 그러니 지금 보시를 안 하면 다음 생에는 더욱 가난할 것 아니겠어요. 어머니, 제가 머슴살이해서 얻은 밭을 법회에 시주하였으면 합니다."

"그래, 참으로 기특한 생각이구나. 그렇게 하도록 하자."

어머니의 승낙을 받은 대성은 다시 복안의 집으로 달려가 점개 스님에게 밭을 시주했다. 그 후 얼마 안돼서 대성은 이유 없이 시름시름 앓다가 그만 죽고 말았다. 대성이 죽던 날 밤은 유난히 별이 총총했고 재상 김문량의 집에는 이상한 소리가 들려오면서 하늘에서 큰 별이 그 집을 향해 떨어졌다.

"모량리 대성이란 아이가 네 집에 환생하리라."

김문량의 집 식구들은 모두 놀라 자신의 귀를 의심했으나 누구 하나 빠짐없이 그 소리를 들었던 것이다. 김문량은 곧 사람을 시켜 모량리를 살펴보았는데 그날 밤 대성이 죽은 것이 사실이었다.

그로부터 김문량의 아내는 태기가 있어 열 달 뒤 아들을 낳았다. 아기는 건강했고 이목이 뚜렷하였다. 그런데 이상하게도 왼손을 꼭 쥔 채 펴지 않더니 7일 만에 펴는 것이었다. 아기의 손바닥에는 대성(大城)이라 새긴 쇠붙이가 있었다.

　　김문량의 집에선 아기를 대성이라 이름하고 그 어머니를 모셔다 후히 대접하고 봉양했다. 재상의 아들로 환생한 대성은 부족함이 없는 넉넉한 환경에서 씩씩한 청년으로 성장했다. 그는 장성하면서 사냥을 좋아했다. 하루는 토함산에 올라가 곰을 잡았다. 그날 밤 산밑 마을에서 자게 된 대성의 꿈에 곰이 귀신으로 변신하여 나타났다.

　　"어째서 너는 나를 죽였느냐. 내 다시 환생하여 너를 꼭 잡아먹을 것이니라."

　　귀신이 당장 잡아먹을 듯 호령을 하자 대성은 두려워 벌벌 떨면서 용서를 빌었다.

　　"제발, 한 번만 용서하여 주십시오. 별다른 뜻이 있어서가 아니라 그저 사냥을 좋아하다 보니 남의 생명 귀한 것을 미처 깨닫지 못했습니다. 세세생생 다시는 그런 잘못이 없을 것이오니 너그러이…."

　　대성이 눈물을 흘리며 진실로 뉘우치니 귀신은 화를 가라앉힌 듯 조용한 어조로 말했다.

석굴암

"그럼, 네가 나를 위해 절을 세워
주겠느냐"

"예, 그렇게 하겠습니다."

대성은 선뜻 맹세를 했다. 이제
살았구나하는 홀가분한 기분으로
꿈에서 깨 보니 잠자리는 땀으로 흠
뻑 젖어 있었다. 그 뒤 대성은 그
곰을 잡았던 자리에 장수사(일명
웅수사(熊狩寺))를 세웠다. 이를 계
기로 대성은 깊은 대비원을 발하게 됐다. 경전 공부에 열을 다하
고 사찰 참배 기도에 전력하던 대성은 ≪부모은중경≫을 읽으면
서 효행이 부처님 가르침의 중심일 뿐 아니라 인간이 지켜야 할
근본임을 깊이 깨달았다.

대성은 부모를 위해 절을 세우기로 원력을 세웠다. 그는 현생의
부모를 위해 불국사를 세웠다.

"사바세계의 불국, 그리고 극락세계와 연화장 세계의 불국도량
을 이룩하여 부모의 명복을 기원하고 나라의 안녕과 모든 자연의
보호, 그리고 나 자신의 구원을 기원하리라."

김대성은 성심으로 드디어 큰 절을 이룩했다. 그러나 대성은 불
국사를 세움으로 자신의 기도가 끝났다고 생각지 않았다.

그는 가난한 시절에 자기를 키우느라 애쓰셨고, 선뜻 밭을 보시하신 전생의 어머니와 일찍 세상을 떠난 아버지의 복을 빌고 은혜에 보답하기 위해 토함산에 석불사를 세웠으니 그 절이 바로 세계적인 문화유산이 된 오늘의 석굴암이다.

특히 신라 오악의 하나인 영산으로 알려진 토함산과 그 기슭에 전생과 현생의 부모를 위해 절을 세운 김대성은 그 큰 불사에 신라인의 불력으로 나라를 지키려는 기도를 발원하기도 했다. 그것은 토함산이 군사적 요새였기 때문이다.

밭 한 뙈기를 공양 올린 공덕으로 김대성은 우리 겨레의 값진 세계 문화유산이며 귀의처인 석굴암을 세워 후대인들에게 존경을 받게 되었다. 신라의 문장가 최치원 선생은 다음과 같이 그를 기리고 있다.

> 화엄에 눈을 대고 연장을 보며
> 일불국에 마음 돌려 안양을 찾네
> 마산(魔山)에서는 독장을 평평하게 하려 하니
> 마침내 고해에서 큰 어려움을 없게 하도다.
> 귀중한 스님의 한 말씀 보시를
> 중생이 마음 바쳐 따르기를 기약하네.

## ❑ 큰 곰 자리와 작은 곰 자리

옛날 아카디아에는 칼리스토라는 아름다운 공주가 살고 있었다. 어느 날 공주는 처녀의 신 아르테미스에게 자신은 결코 신들의 왕인 제우스라도 남자를 사랑하지 않겠다고 맹세를 하였다. 제우스도 마찬가지. 얼마 후, 그들은 갑자기 사랑에 빠졌다. 그리고 둘은 결국 맹세를 저버리고 말았다. 그리하여 제우스와 칼리스토 사이에 아들인 아리카스가 태어났다.

한편, 이 사실을 알게 된 제우스의 아내인 헤라는 칼리스토에게 벌을 내려 흰곰으로 만들어 버렸다. 고아가 된 아들 아리카스는 착한 농부의 양아들로 자라면서 훌륭한 사냥꾼이 되었다.

그러던 어느 날 곰으로 변한 엄마 칼리스토와 아들 아리카스가 숲 속에서 우연히 만나게 되었다. 칼리스토는 너무나 반가운 나머지 곰으로 변한 자신을 잊은 채 달려들어 아들을 껴안으려고 하였다. 영문을 모르는 아들은 곰이 자신을 헤치려는 줄 알고 갖고 있던 활을 힘껏 당겼다.

이 때 하늘에서 이 광경을 지켜보던 신의 왕 제우스가 칼리스토 공주를 구하고, 또 두 사람을 영원히 함께 있도록 하기 위하여 하늘의 별자리가 되게 하였다. 이렇게 하여 하늘의 큰 곰 자리와 작은 곰 자리가 나란히 떠 있게 된다.

그리하여 그 일곱 아이들은 일곱 명의 딸이라는 뜻의 플리어디

스라는 별자리가 되었고, 늘 데빌스타워 위에서 아름답게 반짝이면서 부모들을 그리워했고 그 부모들은 잃어버린 딸들이 곰에게 잡혀 먹힌 줄 알고 애타게 울부짖다가 난데없이 밤하늘에 갑자기 나타난 아름다운 일곱별이 자기 아이들의 환생이라고 그리워했다는 것이다.

참으로 애 타는 부모들의 마음을 아름답게 표현한 전설이 아닌가. 그 때부터 이 데빌스 타워 주변은 인디언들의 신성한 지역으로 보호되었다. 실제로 아틀라스의 일곱 명의 딸이라는 별자리가 이곳에서 반짝이며 보인다고 하니 혹시 북두칠성을 말하는 것은 아닐지. 밤만 되면 빛나는 별들은 오늘도 어떤 사연을 나누고 있는지. 그 위로 은하수가 흐르고 있다.


❑ 농부와 곰

지금으로부터 약 150여 년 전 정선 땅 남면 무릉리에 한 농부가 살고 있었다. 이 농부의 집에서는 소 세 마리를 기르고 있었다. 소먹이를 담아주는 여물통이 삭아서 소먹이를 담아 줄 수가 없었다. 여물통 나무를 구하기 위해 지게가지에 점심을 싸 매달고 도사골-지금의 사북읍 사북리 마을로 들어가 숲을 헤치며 큰 나무를 찾기 위해 산으로 오르고 있었다.

산 중턱에서 큰 나무를 찾았는데 밑 둘레가 한 아름 정도 되는 것을 베어, 여물통을 거의 완성할 무렵 우연히 산 아래 계곡을 내려다보니 어미 곰 한 마리가 새끼 곰 두 마리를 데리고 지장천에서 가재를 잡아먹고 있었다.

이 광경을 보고 있던 농부는 놀라서 그만 벌컥 소리를 쳤더니 큰 바위를 들던 어미 곰은 깜짝 놀라 양손으로 잡았던 바위를 놓고 사방을 살펴보았다. 다시 바위를 일구어 보니 새끼 두 마리가 바위 밑에 깔려죽어 있었다.

어미 곰은 바위를 제쳐놓고 죽은 새끼 곰을 바위 위에 세웠다. 죽은 새끼 곰을 세워놓으나 쓰러지고 또 쓰러지니 어미 곰이 다시 세워놓고 이러기를 여러 번 계속하자 이 광경을 보고 있던 농부는 자신도 모르는 사이에 큰 소리로 웃고 말았다. 웃음소리를 들은 어미 곰은 화가 나 번개같이 달려와 농부를 물어뜯었다.

농부는 얼마 뒤 정신을 차리고 도망하여 겨우 집으로 돌아와 보니 왼쪽 눈과 얼굴엔 살점이 떨어져 나갔다. 그 후 농부는 온갖 약을 다 써서 상처가 완전히 나은 다음 다른 마을로 다니러 갈 때면 동네 아이들이 떼를 지어 따라 다니며 저기 곰한테 할큄을 당한 영감이 오신다고 놀려대므로 이후부터 이 농부는 문밖출입을 하지 않았다.

## ❏ 곰과 음양수

지리산에 호야와 연진 부부가 슬하에 자녀도 없이 지리산 대성 골에 살고 있었다. 어느 날 남편이 없는 사이 근처에 살고 있는 곰이 연진 여인을 찾아와 말하기를 잔돌 평전에는 아들, 딸을 낳을 수 있는 음양수라는 신비의 샘이 있다고 알려 주자 여인은 기뻐하며 남편과 상의 없이 음양수 샘터로 달려가 기적의 물을 실컷 마셨다.

그런데 평소 곰과 사이가 좋지 못한 호랑이가 곰과 연진이 주고 받던 이야기를 엿듣고 이를 그대로 지리산 신령님께 고해바치니 산신령은 크게 노하여 음양수의 신비를 인간에게 발설한 곰을 토굴 속에 가두고 호랑이는 그 공으로 백수의 왕이 되게 했다.

또 음양수를 훔쳐 마신 연진에게도 무거운 벌을 내려 잔돌 평전의 돌밭에서 평생토록 혼자서 외로이 철쭉을 가꾸게 하였다. 그날부터 연진은 스스로의 불행한 운명을 저주하며 슬픔에 젖어 세석 평전에서 날마다 눈물을 흘렸다. 닳아 터진 다섯 손가락에서 흘러내리는 피를 꽃밭에 뿌리고 꽃밭을 가꾸니 철쭉나무는 무럭무럭 자라서 아름다운 꽃을 피웠다.

그래서 세석 철쭉은 연진의 슬픈 넋이 꽃잎마다 서려있어 아스라이 피어선 진다. 또한 여인은 밤마다 촛대봉 정상에 촛불을 켜놓고 천왕봉 산신령을 향하여 죄업을 뉘우치다 그대로 돌이 되었으며, 촛대봉의 앉은 바위는 가련한 연진의 모습이라 한다. 그리다 꽃이 되었소. 돌아 보지 말 것을.

## □ 부엉이 바위와 곰쓸개

강원도 태백 땅에 있는 철마산의 마루를 타고 가다보면 부엉이재라는 고개가 있다. 그곳에 부엉이 바위가 있다.

오랜 옛날, 한양에는 박 부자가 살고 있었다. 이 박 부자에게는 아들이 하나 있었는데 병으로 늘 앓고 있었다. 집안이 넉넉하고 부러운 것이 없는 박 부자에게도 아들의 병으로 시름이 떠날 날이 없었다.

영험하다는 의원도 다 부르고 좋은 약을 다 써보았지만 아들의 병은 깊어만 갔다. 그러던 어느 날, 옷차림이 남루하고 초라하게 생긴 사람이 찾아왔는데 이 사람은 자칭 의원이라고 했다.

"댁의 아드님에게 좋은 약이 있어 알려드리러 왔습니다."

박 부자는, 이 초라한 의원이 썩 믿음이 가는 것은 아니었지만 지푸라기라도 잡고 싶은 심정이라 좋은 약이 무엇이

부엉이

냐고 물었다.

"곰쓸개를 먹이면 낫는 병입니다."

"곰쓸개라, 곰쓸개라면 아들의 병을 고칠 수 있소."

"틀림없습니다. 지금부터 곰 사냥을 하여 쓸개를 구해야 합니다."

박 부자는 많은 돈을 주고 명사수로 알려진 황 포수를 샀다.

이렇게 하여 박 부자는 황 포수와 의원을 데리고 곰 사냥에 나섰다. 곰이 있을만한 험준한 산은 다 더듬어 충청도까지 와서 산을 뒤졌지만 곰은 없었다. 그러다가 덕산 어느 산에서 곰 발자국을 발견했다.

"곰이 있긴 있구나."

"이 발자국을 따라가면 됩니다."

세 사람은 곰 발자국을 따라 오다보니 소원하던 철마산까지 오게 되었다.

"어디"

과연 곰이 바위 밑에서 자고 있었다. 황 포수는 곰을 향하여 방아쇠를 당겼다.

"됐다."

곰쓸개를 얻은 그들은 피곤한 몸을 쉴 겸 산에서 밥을 지어먹기로 하고 곰쓸개는 종이에 싸서 나뭇가지에 매달아 놓았다. 그들은 한참을 쉬었다. 걸어놓은 곰쓸개를 나무에서 내리려고 보니 그 사이 곰쓸개가 없어진 것이 아닌가.

"아니 이게 어떻게 된 거야."

"저 부엉이가 수상하오."

세 사람이 나무 위를 쳐다보니 부엉이 한 마리가 앉아 있는데 부엉이 다리에서 피가 흐르고 있었다. 화살에 맞은 상처 같았다.

"맞아, 저놈의 부엉이가 곰쓸개를 먹었어."

화가 난 황 포수가 총을 부엉이에게 겨누자 의원이 말했다.

"그냥 두시오, 부엉이 다리에서 흐르는 피나 받읍시다."

의원은 부엉이 다리에서 떨어지는 피를 받았다.

"이것만 있으면 됩니다. 곰쓸개 성분이 이 피에 들어 있소."

서울로 올라온 그들은 그 피를 박 부자 아들에게 먹였더니 병이 거뜬히 나았다. 박 부자는 거지 의원에게 사례하고 황 포수에게도 품삯을 넉넉히 주어 돌려보냈다. 그 뒤로 박 부자 집에는 밤마다 부엉이가 날아와 울었다. 아마도 자기를 죽이지 않고 살려준 고마움 때문이라고 사람들은 짐작했다.

이 부엉이는 다시 철마산 부엉이 재에 와서 바위 밑에서 백년을 살았다. 이 부엉이가 울면 이 마을에 좋은 일이 생기고 부엉이가 어디로 날아갔다 오면 그 동안 이 동네에는 궂은 일이 일어났다고 한다. 부엉이 재니 부엉이 바위니 하는 말은 이 때부터 생긴 이름 이다.

## □ 살아서 진천, 죽어서 용인

옛날 용인의 어느 마을에 한 부부가 살고 있었다. 그들은 가난하였으나 부부간의 금슬이 워낙 좋았던지라 이웃 간의 칭찬이 자자했다. 그러던 어느 날 남편이 병을 얻어 시름시름 앓더니 급기야는 세상을 뜨고 말았다. 그 후 젊은 나이에 남편을 여읜 아낙은 아들 하나와 근근이 살았으나 끝내는 생계를 잇기 어려워 자식을 버리고 진천 땅으로 개가해 갔다.

고아가 된 아들은 여러 해 동안 문전걸식을 하다가 어느 양반댁 머슴으로 들어가게 되었다. 그런데 그 댁의 외아들이 중병으로 누워 있었다. 그 집 식구들이 아들의 병을 고치기 위해 여러 가지로 처방을 구하였으나 주인집 아들의 병은 그 어느 약을 먹어도 효험이 없었다.

하루는 어느 대사 한 분이 그 앞을 지나다가 그 병에는 산삼과 웅담이 특효라고 알려주었다. 고아가 된 아들은 주인댁의 은혜를 갚기 위해 금강산 깊이 들어가 우연히 삼백 년이나 된 산삼을 구하였고 곰을 죽여 웅담을 얻어 돌아왔다.

이 두 가지 약은 곧 효험을 나타내어 죽어 가는 주인 댁 도련님을 살려내게 되었고, 주인댁에서는 머슴을 은인이라 하여 전답을 떼어주고 장가를 들여 주었다. 자수성가는 하였으나 철이 들수록 진천으로 개가해 간 어머니가 그리워 하루는 이웃 친구에게 어미의 안부나 알아 오도록 해 달라고 부탁하여 길을 떠나보냈다. 개가한 어머니는 그곳에서 아들 하나를 더 낳고 살았는데 마침 심부름 간 사람이 당도하던 날 세상을 떴다.

이 소식을 듣게 된 용인의 아들은 기왕지사 지나간 일은 어떻게 되었든 어머니가 마지막 가는 길이나마 자식 도리를 하리라고 마음먹고 짐을 꾸려 부랴부랴 길을 떠났다. 거기에 당도하였을 때는 이미 그 쪽 식구들이 상여를 꾸려 발인하기 직전이었다. 아들은 그 동안 응어리졌던 갖가지 설움이 북받쳐 목을 놓아 울었다.

이에 상주 쪽에서 연유를 물어보니 용인의 아들은 자신이 울었던 내력을 모두 말하며 자신도 자식 된 도리로서, 또한 상주의 자격으로 장례에 참여하는 것은 당연하다 하고 어머니의 시신을 용인으로 모시겠다고 했다.

그러나 그곳 상제 측에서도 자신들의 친어머니였기에 장사를 지내겠다며 서로 목소리를 높이다가 멱살까지 잡는 일이 일어났다. 몇 날 동안 장례를 치르지 못하다가 결국 두 아들은 그곳의 원님에게 재판을 청하기에 이르렀다.

원님은 두 사람의 이야기를 듣고 한참이나 골머리를 앓았다. 마침내 어미가 살았을 적에는 진천 아들이 모셨으니 죽은 후에는 용인의 맏자식이 어머니를 모시도록 하고 서로 의좋게 제사를 모시라는 판결을 했다. 이후 오늘날까지 전해지고 있는 살아 진천 [生

居鎭川] 죽어 용인 [死居龍仁]이라는 말이 생겨났다.

어머니가 보고플 땐 달을 보며 웃음 짓고
미리내 밤하늘에 별을 헤던 고향 언덕
살면서 기다리다가 꽃이 되고 나비 되고

## ❑ 산청의 웅석봉

경상도 산청 땅의 웅석봉(熊石峰)은 산 아래서 보면 큰 곰 한 마리가 서있는 듯 씩씩하다. 산 위로 올라서면 서쪽으로부터 봉황이 날개를 펼치고 이 산을 향해 날아 앉으려는 듯 사연도 많은 지리산의 모습이 한 눈에 들어온다.

산청읍의 남쪽 경호강 어름에 우뚝 솟은 웅석봉은 지리산이 어미 산이다. 산줄기 능선의 동북쪽은 가파르고, 서남쪽은 느릿느릿하여 하나의 리듬을 이루는 웅석봉은 옛날 산 위에서 춤추던 곰이 바위에서 떨어졌다는 바위산이다.

산의 꼭대기 안부 샘터에서부터 갈리기 시작한 억새 길로 정상에 오르면 산청 산악회가 세운 오석의 반달곰이 곰 산의 느낌을 물씬 풍긴다.

동서남북으로 막힘없는 산마루에서는 서쪽으로 내려다보기가 으뜸이다. 지리산 종주의 마지막인 대원사 골짜기 건너로 천왕봉에서 좌우로 이어지는 산마루가 가슴 넓게 위용을 드러낸다. 북쪽

발아래로는 곰의 전설이 깃든 골이 샅샅이 내려다보이고 반짝이는 경호강과 산청 시가지가 한 눈에 다가선다.

동쪽으론 둔철산 너머로 황매산, 남으로 경호강 줄기 따라 진주와 여수 남해도 쪽빛 바다가 아스라하다. 이렇듯 웅석봉이 빼어난 산세를 갖추었음에도 찾는 이가 많지 않다.

### ❑ 곰과 토끼 바위

옛날 하늘나라에는 옥황상제가 많은 신하와 궁녀들을 데리고 살았으며 짐승들을 길렀다. 하루는 옥황상제가 신하들을 데리고 정원을 산책하다가 온 누리를 바라보았는데 조선의 금강산이 눈부시게 솟아있는 것을 보았다.

그런데 자세히 보니 천하명승지로 모든 경치가 다 있는데 꽃밭이 없는 것이 큰 흠이라 금강산에 꽃밭을 만들 것을 결심하였다. 옥황상제는 이 일을 누구에게 맡길 것인가 생각하다가 재주가 좋고 동작이 빠른 토끼와 힘이 세고 일 잘하는 곰을 부려 금강산에 내려가 꽃밭을 만들라는 명령을 내렸다.

옥황상제의 명을 받은 곰과 토끼는 훌륭한 꽃밭을 만들어 옥황상제의 마음을 기쁘게 하리라 마음먹고 금강산 한복판에 꽃밭을 만들 자리를 정하고 일을 시작하였다.

토끼는 날랜 동작으로 세상에 아름답다는 갖가지 화초들을 다

모아다가 정성을 다해 하늘나라에도 없는 훌륭한 꽃밭을 만들어 나아갔다. 그런데 곰은 토끼가 하는 일을 보고 자기는 토끼가 삼 년 석 달 할 일을 사흘이면 넉넉히 할 수 있다고 생각하고 금강산 구경에 세월 가는 줄 모르고 지냈다. 그러던 어느 날 문득 꽃밭을 꾸려야겠다는 생각이 든 곰은 토끼에게 달려갔을 때 토끼는 벌써 아름다운 꽃밭을 꾸려놓은 뒤였다.

토끼는 곰에게, 아무리 큰 힘을 가지고 있어도 게으르면 아무 일도 할 수 없고, 비록 작은 힘을 가지고 있어도 부지런히 일하면 큰일을 해낼 수 있다고 따뜻이 타일렀다.

곰은 자기의 잘못을 진심으로 뉘우치면서 다시는 자기 힘만 믿고 우쭐대지 않겠다고 다짐했다. 이렇게 이야기를 주고받는 사이에 세월은 흘러 토끼와 곰은 심장의 고동이 멈추어져 바위로 굳어졌다.


## ❑ 곰 바위와 문주담

옛날 비로봉에 살던 곰 한 마리가 봄을 맞아 먹을 것을 찾아 양지쪽을 향해 가고 있었다. 곰이 중관음봉 끝을 넘어서려는데 요란한 개울 물 소리가 들려 왔다. 내려다보니 문주담 맑은 물속에 도토리가 수북이 깔려 있는 것이었다. 허기진 곰은 맑은 물속의 자갈들을 지난해에 떨어진 도토리로 잘못 보았던 것이다.

이것을 알 리 없는 곰은 도토리를 먹으려고 힘껏 내려 뛰었다. 그런데 너무 굶주린 탓에 문주담에 이르지 못하고 그만 중턱 절벽에 떨어졌다. 이 때 뒷발이 바위에 푹 박히고 말았다. 곰은 그래도 도토리를 먹으려는 생각으로 한 눈을 팔지 않고 물속만 하염없이 바라보았다. 어느 덧 세월은 흘러 곰은 한 알의 도토리도 먹어 보지 못한 채 돌로 굳어지고 말았다.

## ❑ 곰보다 무서운 곽쥐

어느 산골에 곰이 산에서 내려와 어느 집 마당을 슬슬 거니는데 방안에서 어린애가 우니까 엄마가,

"곽쥐 왔다. 곽쥐 왔다."

하니까 어린애가 울음을 딱 그치는 것이다.

곰은 자기가 아주 무서운 짐승인 줄만 알았는데 자기보다 더 무서운 짐승인가 생각하여 외양간에 가서 어릿대다가 뭔가 물컹하기에 냅다 뛰니까, 마침 외양간에 숨어 있던 소도둑이 놀라 엉겁결에 곰의 등에 올라탔다.

곰은 자기 등에 뭔가 올라타니까 그게 곽쥐인 줄 알고 들고뛰고, 소도둑은 소도둑대로 떨어지면 죽는 줄 알고 곰을 잔뜩 거머쥐고 떨어지지 않는다. 산이고 들이고 밤새도록 뛰던 곰은 지칠 대로 지쳤는데, 지나가던 토끼가 이 모양을 보고,

"아니, 곰 아저씨, 왜 먹을 것을 짊어지고 그렇게 뛰십니까?"

"에이 먹을 것이 다 뭐냐. 곽쥐다 곽쥐"

하면서 또 산 속을 막 뛰는데, 구멍 뚫린 고목나무를 보고 등에 탔던 소도둑은 곰의 등에서 뛰어 내려 그 나무속으로 숨어 들어갔다. 토끼가 이걸 보고,

"곰 아저씨 그 먹을 것을 짊어지고 그렇게 뛰다가 놓쳤잖아요."

"아저씨 이 고목나무 구멍을 틀어막으세요, 그럼 내가 뒤에서 돌려 파면 그 놈이 나올 테니까."

하였다. 곰은 토끼가 하라는 대로 그 구멍을 막고 있는데, 고목나무 속에 숨은 소도둑은 죽을 지경이었다. 그래서 호주머니에 있던 상투 도리깨를 꺼내 곰의 불알을 얽어매 가지고 잡아당기니, 곰이 발버둥 치다가 푹 고꾸라져 죽었다. 소도둑은 죽은 곰을 끌고 내려와 곰의 기름을 짜서 팔아 소 몇 마리를 샀다(양평군 강상면 세월리).

힘으로는 으뜸이나 슬기가 바닥일세
꾀만 있고 인정 없는 여우보단 못하겠소
썩어도 준치라는데 거룩한 몸 더럽히리

# 곰과 땅 이름

어떤 겨레라도 이동을 하다 어느 곳엔가 정착을 하게 되면 옮겨 오기 이전의 고향을 바탕으로 한 저네들의 문화를 이루어 간다. 그러면서 새로운 곳에 맞는 문화를 만들어 낸다.

자연 가운데 우리 삶에 가장 많은 영향을 끼치는 것이 물과 산이다. 마을이란 산과 물을 따라서 이루어진다. 이름 또한 마찬가지.

≪삼국유사≫ 진한(辰韓) 부분을 보면 최치원 선생의 이와 관련한 풀이가 보인다. 진한 사람들은 본디 연 나라에서 피난 온 사람들이다. 자기들이 살았던 탁수(涿水)의 지명을 본 떠 그들의 지명을 사탁(沙涿), 점탁(漸涿)으로 하였다는 것이다.

곰 신앙을 갖고 살아온 예맥의 겨레들은 그들이 남하하여 강이나 산기슭에 뿌리를 내리면서도 저네들이 사는 주변의 산이나 물이름을 그네들의 말로 지었을 가능성이 높다. 그러면 예맥 족이 살았을 것으로 보이는 지역의 마을 이름이나 산과 물의 이름 가운데에는 어떤 것들이 있을까.

말의 역사를 보더라도 가장 잘 바뀌지 않는 것이 물과 산의 이름이었다. 마을의 이름도 그러한 얼안에 든다. 말은 있으되 말을 적을 글자가 없었던 시절, 한자의 소리와 뜻을 빌어다가 땅이름을 적었다. 곰을 드러내는 땅이름과 관련하여 ≪삼국유사≫나 ≪삼국사기≫를 비롯한 중국의 역사서인 주서 북사, 위지 등을 살펴보기로 한다. 어느 자료에도 곰이란 한자는 없다. 따라서 곰과 비슷한 소리를 지닌 한자를 이용하여 땅이름을 적었을 가능성이 높다.

한자의 소리를 중심으로 곰을 적은 이름으로는, 금마(金馬), 고마(古麻), 고마(古馬), 고막(古莫), 고미(古彌), 금미(今彌), 고마(固麻), 개마(蓋馬), 구마(久麻) 등을 들 수 있다. 이는 고조선을 이루는 겨레로서 예맥(濊貊)과도 깊은 관계가 있다. 달리 호맥(胡貊)이라고도 한다. 예맥의 고대 한자음이 구이모, 뒤에 후이모이며, 호이모로 되었다.

이러한 이름들은 경우에 따라서 적기만 달랐지 그 속내는 드러내려는 예맥족들의 문화 상징으로서 의미는 곰 숭배에서 유래하였을 가능성이 높다.

냇물이 모여 강을 이룬다. 강물이 흘러 바다에 이르는 동안 가는 곳마다 다른 이름이 될 수도 있다. 가령 금강이 공주로 가면 금강 혹은 곰내, 부여로 가면 백마강, 어디에서는 진강 등과 같이 다르게 나타내지만 그 근원은 같다고 보아야 한다.

저수지 가운데 돌을 던지면 물가에까지 파도를 친다. 같은 겨레들이 옮겨가면서 그 문화의 메아리를 남긴다. 우리 겨레들이 어느 시기에 일본으로 건너갔을까 하는 것은 확실하게 알 수 없다. 고구려와 발해, 그리고 가야와 백제의 유민들이 옮겨가서 일본의 구주 지역을 중심으로 하는 지역에 저네들의 문화를 바탕으로 한 지명을 쓸 가능성은 얼마든지 있다. 가령 가야 계의 지명이 일본 전역에 일백여 개나 됨은 가야 계의 겨레들이 옮겨가서 살았을 가능성을 뒷받침해주고 있다.

일본말에서는 신을 가미, -군(君)을 기미, 후(后)를 고우 또는 기미, 곰을 구마라고 읽는다. 일본의 아이누 족은 곰을 가무이라 한다. 곰을 신으로 섬기고 있음을 짐작할 수 있다.

왕족을 포함한 고구려의 유민들이 옮겨간 관동지방의 팔간군(八間郡)의 옛 이름이 고마고오리(高麗郡)였다. 고려신사(高麗神社)에서는 고려군 역사란 책을 내었는데 이곳에서는 고려신사를 '고마진자'라고 읽으며, 고려천을 '고마가와'라고 하여 고구려를 말하는 고려를 '고마'라고 읽는다(≪변광현, 고인돌과 거석 문화≫, 1997 참조).

이 밖에도 고려인을 고마진, 고려악을 고마락 등 고려를 모두

고마라 읽고 있음이 흥미롭다. 아울러 일본의 사이타마현[埼玉縣] 히다카정[日高町]의 경우를 살펴본다. 그곳에는 고구려에서 건너 간 사람들이 이룬 마을이 있다. 흔히 고려촌(高麗村)이라 한다. 현 지에서는 고마촌이라고 부른다.

백제와 고구려가 멸망한 뒤 한반도에서 일본으로 건너간 고구 려의 왕 약광(若光)을 비롯한 유민 일천여 명이 716년에 이주한 곳이다. 한국 귀화인의 마을로 알려지면서 고마촌이라고 하게 되 었다. 옛 고마촌이 1955년 고마가와촌[高麗川村]과 합쳐져 히다카 정을 이루었다.

고마역[高麗驛]에서 걸어서 십 분 정도 걸리는 곳에 긴차쿠전 [巾着田]이 있다. 이곳은 당시의 유민들이 고마가와가 크게 에돌 아 흐르는 지역을 논으로 만들었던 곳으로, 네 계절을 통하여 맑 고 아름다운 강가의 경치를 찾는 이들로 붐빈다.

그 어름에 고구려의 왕 약광을 모시고 있는 고마진자와 약광과 함께 일본으로 건너간 승낙(勝樂) 스님이 세웠다는 쇼텐인[聖天院] 절이 있다.

민속을 떠올려 보면, 아기를 낳았을 때 대문에 새끼줄을 매어 검정 숯과 빨간 고추, 문창호지 같은 종이를 끼워 건다. 흔히 금 줄 혹은 검줄이라고 부른다. 한자로는 신색(神索)이라고 한다. 제 단 앞에 까는 노란 흙을 신토(神土)라고 적으며, 검토라고 읽었다. 최남선의 ≪신자전≫을 보면 신(神)을 고유한 우리말로 '검'이라 했다.

까마귀나 거미, 그믐달 그리고 검은 색을 가마, 검, 그믐 등으로 말하는데, 이 또한 곰과 같은 뿌리에서 비롯하였을 가능성도 있다. 천자문에도 검은 색을 현(玄)이라 하여 우주의 형상을 드러낸다.

새끼를 꼬아 놓은 글자인데 오늘날의 염색사가 새끼처럼 생긴 그림을 보노라면 서로가 새끼처럼 꼬여서 생명을 이루는 신비로움과 무관하지 않음을 미루어 알게 한다. 한자로 적을 때 검단(黔丹・儉丹)으로도 적혔다. 검붉은 빛을 이른다.

곰은 흔히 검은 색 흑곰을 말한다. 흑곰을 신으로서 모셨던 선인들이 남겨 놓은 문화의 흔적이 아닌가 한다. 고구려 벽화에서 태양을 세 발 달린 까마귀 삼족오(三足烏)가 나온다. 태양을 달리 금오(金烏)라고도 하는데 곰-검-금의 맞걸림이 있지 않을까 한다. 이제 웅(熊)- 계의 땅이름에 대하여 살펴보도록 한다.


## 1. 웅(熊)- 계의 땅 이름

웅- 계 지명을 처음으로 쓴 이들은 어떤 사람들이었을까. 한마디로 곰 숭배를 하는 겨레들이었다. 우리나라의 지명 가운데 웅-계 이름은 아주 상징적이다. 백두산을 달리 웅신산(熊神山)이라

진해의 곰메

한다. 가장 신성시하는 곳에서부터 비롯하여 온 나라의 요소요소에 크고 작은 고장에 웅− 계 이름이 있다.

웅− 계 지명의 지리적인 분포를 보면, 주로 소백산맥의 서쪽인 충청도와 지리산 서쪽인 전라도와 경상도 남쪽에 널리 퍼져있다. 울산의 웅촌면을 중심으로 한 진해의 옛 이름 웅천은 곰내, 팔공산의 본디 이름이던 공산이 곰산 곧 곰뫼와 같은 맥락이었음을 생각할 수 있다.

옛 자료를 보면 선산의 웅곡 부곡, 안변의 웅곡악(熊谷岳), 거창의 웅곡지(−池), 의주 철산의 웅골산, 진해의 웅천, 김해와 수안의 웅산, 풍덕의 웅섬산(熊閃山), 음성과 수안의 웅암(熊岩), 거창의 웅양, 갑산의 웅이(熊耳), 정선의 웅전산, 김해의 웅저현(熊猪峴), 장흥 영광의 웅점(熊岾), 여산의 웅지(熊池), 서산의 웅천, 공주 창원의 웅천, 의주의 웅화산(熊花山), 청주 전주의 웅현(熊峴), 장흥의 웅치, 여산의 웅진포, 풍덕의 웅연진(熊淵津), 회양의 웅시원(熊施院), 영흥의 웅도(熊島), 담양의 웅령(熊嶺) 등을 들 수 있다(≪동국여지승람≫ 참조).

강헌규(1992)에서는 곰을 중심으로 하는 일련의 지명들은 곰보다는 오히려 굽이진 곳을 중심 의미로 봄이 바람직한 것으로 보고 있다. 그럼에도 널리 퍼져 있는 곰- 계 지명을 볼 때, 우리 겨레들의 곰 제의문화와의 영향 관계를 미루어 짐작 할 수는 있다.

특히 땅이름이나 나라의 이름은 고대로 올라 갈수록 해당 지역에 살던 사람들의 역사와 문화와 깊은 상관성을 지닌다. 그러다가 문화가 달라지면서 소리는 같아도 그 의미는 바뀔 수가 있음을 주목할 필요가 있다.

그러면 진해의 옛 이름인 웅신(熊神)이나 백제를 맥제로 봄에 있어 그 땅에 살던 맥족이 세운 나라나 지명으로 풀이할 가능성은 어떠한가. 곰 숭배 문화를 중심으로 하고 거기서 갈라져 나온 주변적인 의미로 지형상 후미진 특징을 드러내는 것으로 봄이 온당할 것이다.

가령 울산의 웅촌(熊村)에 대한 유래를 살펴보자. 웅촌은 나쁜 일을 막아주는 지킴이 산인 운암산의 모양이 곰과 같다 하여 붙인 이름이다. 그러나 곰을 신성시하는 원시신앙을 가졌던 예맥의 겨레들이 살던 곳에는 곰 터라 하여 웅- 자가 붙게 되므로 고마족이 세운 우시산국의 머릿 고을이 아니었을까.

보령의 웅천리에서 시작하여 익산의 웅포리(熊浦里), 김제 웅교리(熊橋里), 장성의 쌍웅리(雙熊里), 화순의 도웅리(道熊里), 장흥의 웅점리(熊岾里)까지 선으로 연결하여 보면, 익산에서 장흥까지

익산의 웅포

는 남북을 잇는 직선이 만들어진다.

방언으로 이르자면 일종의 등어선과 같다고 할 것이다. 웅악(熊岳)의 경우는 바다 건너 멀리 제주도 남제주의 쇠개오름과 서귀포의 시오름을 들 수 있다.

특히 익산의 웅포 나루 용왕제는 오래된 민속으로 전해 온다. 웅포 용왕제는 익산의 웅포면 웅포리 일대의 아홉 마을이 음력 정월 대보름에 금강 가의 덕양정 자리인 용왕사와 곰개 너른 곰터에 모인다. 고려 우왕 6년(1380) 진포 대첩 때 희생된 이들의 외로운 넋을 위로한다. 용왕제는 이웃 항구이며 고려 말엽 전라도의 세곡을 옮기던 덕성창을 배경으로 세곡선의 안전 운항과 고기잡이의 풍성함을 비는 풍어굿과 마을의 안녕을 비는 의식을 합하여 지내온 웅포의 민속이다.

용왕제는 이웃 9개 마을의 풍물패들이 함께 참여한다. 이들 풍물패가 용왕사에 도착하면 본격적인 제를 올리게 된다. 먼저 풍물패들이 정성 들여 모셔온 꽃반을 용왕의 제상에 바치고 풍물을 한 바탕씩 울려 신을 받고 신을 즐겁게 하는 과정을 되풀이한다.

이 때는 단골이 행하는 무의 거리에 따라 풍어와 기복을 위한 소지도 올리고 술도 마셔가면서 용왕제의 각거리를 마친 다음 용왕제를 끝낸다. 용왕제를 지낼 때에는 포구의 어선에서는 기를 가져다 용왕사에 세우고 일 년 중 풍어와 무사함을 빈다. 용왕제가 끝나면 각 마을 사람들이 이른바 용왕기 싸움을 벌인다.

흔히 웅포를 곰개라고도 한다. ≪대동지지≫의 자료를 보면 익산의 옛 이름은 백제 때 금마지(今麻只)였는데 무강왕 때 이르러 금마저(金馬渚)라 고쳐 부르게 된다. 신라 경덕왕 16년(757)에 이르러 금마군이라 하게 되었으며 조선왕조 태종 13년(1413)에 와서 익산이라고 하여 오늘에 이르게 되었다.

금마저의 저(渚)를 보면 물가에 이루어진 마을로서 여기 곰개를 중심으로 한 삶터가 옛부터 있었던 것으로 보인다. 그럼 금마저가 웅포 곧 곰개 어름일 것이라면 우리는 여기서 곰-금의 관계를 미루어 곰을 금(今·金)으로 적었을 가능성에 대하여 주목하게 된다.

고쳐 부르는 익산의 익(益)-도 글자의 짜임을 보면 물(水)과 그릇인데 물이 그릇(皿)에 넘쳐흐르는 모양을 뿌리로 한 글자이다. 그러니까 바다의 갯목으로서 물산의 드나듦을 원활하게 한 구실을 하였던 곳이 바로 익산이었다.

여기서 원광대학 백제문화연구소의 "익산의 선사와 고대 문화"라는 글의 내용을 간추려 그 속내를 알아보도록 한다.

금마저에서 저(渚)는 물가를 뜻한다. 오늘날과는 달리 당시에는 금마면 서부 일대까지 바닷물길이 닿았다고 볼 수 있다. 가운데 마(馬)는 저(渚)를 수식하는 말로 큰 벌인 왕벌을 말벌이라고 하고 길고 큰 코를 말코라고 하는 것처럼 길고 크다는 뜻을 지닌다. 그럼 마저(馬渚)는 바닷가 뜻으로 볼 수 있다.

금마저의 금(金)-은 당시 왕궁을 뜻하는 음으로 읽혀지는데 후에 금이 익(益)으로 변경된 이유도 이 음이 같기 때문이라는 견해가 대부분이다. 이로써 금마저는 '왕궁이 있는 큰 물가'라는 정도로 해석할 수 있다.

'왕궁이 있는 큰 물가'라는 금마저의 뜻은 익산 지역이 도읍지에 버금가는 중요 지역이었음을 암시한다. 보편적으로 한 도시가 중요 지역으로 성장하기 위해서는 몇 가지 요인들이 필요하다. 해당 지역의 길이 원활한 지리적 조건을 갖추고 있는지, 외부의 침략을 경계할 수 있는 군사적 요충지인지, 덧붙여 경제적으로 풍요로움 등의 요인들은 역대 왕조의 수도가 자리하고 있는 평양이나 개성, 한양 등의 지역이 하나 같이 갖추고 있는 요소이다.

익산 지역은 남쪽의 만경강, 북쪽의 금강을 통해 서해로 나가는 수로가 있어 예로부터 교통의 중심지였다. 교통수단뿐이 아니라 중국 대륙의 선진문물을 받아들이는 창구의 역할을 수행할 수 있는 수로의 존재로 익산 지역이 다른 어느 지역보다 정치적·문화적으로 중요한 위치에 있었다.

또한 우리나라 3대 곡창지대 중 하나라는 김제평야가 위치해 다른 지역에 비해 풍요로운 농경사회의 여건을 지닐 수 있었다는 기록은 익산이 도읍지에 버금가는 중요 도시였다는 점을 입증하는 증거라

할 수 있다.

　이러한 요인들을 바탕으로 익산은 일찍이 청동기문화 및 초기 철기문화가 발달할 수 있었다. 특히 함열과 금마에서 발견된 도씨검(桃氏劍)의 존재는 이 지역이 중국과도 교류가 있었음을 짐작하게 한다. 때문에 익산지역이 삼한시대에는 마한의 도읍지였다는 주장이 설득력을 갖는다.

　흔히 지명을 고칠 때에는 그 뜻이 비슷하거나 같은 소리를 바탕으로 한다. 더욱이 우리나라와 같이 당시 말을 적을 글자가 없던 시기에 한자로 적고 입에서 입으로 전해 오는 옛 지명들은 그 소리 자체가 바뀌지 않았다 해도 그 본디의 모습이 어떤 식으로든 남아 쓰이게 된다.

　금마저의 옛 이름이 금마(今麻)였다. 뒤에 금마(金馬)로 고쳐 쓰이게 됨을 것을 고려하고 오늘날의 익산 땅이 된 당시의 함열을 떠올리면 곰 숭배의 민족들이 정복민족으로서 이곳으로 옮겨 와 살았을 가능성이 높다.

　함열(咸悅)의 옛 이름이 감물아(甘勿阿)이고 감물아의 큰 나루터가 웅포(熊浦)였음을 함께 어우르면 금마저가 곰 숭배 민족의 삶터와 무관하지 않은 곳임을 엿볼 수 있게 하는 대목이다. 더욱이 함-의 옛날 한자음이 감이니 함열도 우리말식 한자의 소리로 읽는다면 함열-가멸-가미-감-금으로 이어지는 대응성을 생각할 수 있다. 공주의 금강이 웅천하이고 오늘날의 금강이 되었음도 여기서 멀리 있지 아니하다.

함열의 별호가 함라(咸羅)였다. 이를 다시 이두식으로 읽으면 감라가 된다. 이는 김해의 본디 이름인 가락(駕洛)을 이두식 한자로 읽었을 때의 가마라-감라가 됨과 조금도 다르지 않다는 것을 알게 된다.

웅포면 웅포리에는 지금도 웅-에서 갈라져 나온 마을이름으로 보이는 상웅과 중웅, 그리고 하웅과 서웅의 웅(熊)이 있다. 이 고장에 곰 숭배를 하던 이들이 옮겨와 바닷가의 고기잡이를 하면서 바다 신이며 물신이라 할 용신을 더욱 믿게 되었을 것으로 보인다. 웅포에서 금강을 타고 올라가 공주까지 갈 수도 있었을 것이다.

민족 문화의 이동이라는 관점에서 보면 곰 숭배의 민족이 이곳 바닷가에 와서 자리 잡고 살면서 곰신을 바다의 신 곧 용으로 바꾸어 비는 제의 문화의 이동이라고 볼 수 있다.

아니면 거꾸로 공주 쪽에서 금강을 타고 바다 쪽으로 내려와서 웅포에 옮겨와 마을을 이루고 살았을 가능성도 있다. 하긴 금강도 본디 이름은 웅천하였으니 웅- 계의 강 이름으로 보아야 한다.

그 어느 시기에 곰 숭배를 한 겨레들이 옮겨 와 살았던 발자국을 땅이름에 반영한 것일까. 역사 이전의 시기에 한 무리의 겨레들이 옮겨왔을 경우, 분명히 산골짜기를 지나 냇물을 건너 옮겨왔을 것이다.

그런 만큼 관련 지명이 이와 비슷하게 형성되어야 함에도 웅 계 지명은 드넓은 평야보다는 산악 지역이나 두드러진 언덕에 자리하며 이곳을 중심으로 이웃에서도 웅계 지명이 햇살처럼 퍼져 나가는 방사현상을 찾아볼 수가 있다.

지명 분포로 보아 서산 웅도와 안성의 웅교리, 음성의 웅암, 단양의 곰절, 봉화의 큰곰이재를 연결하여 보면 거의 직선으로 이어진다. 거리는 비슷하다. 보령 외웅리에서 공주 웅진동, 보은의 웅암소(熊岩所), 상주의 웅이산(熊耳山)을 연결하여 보면 비록 간격은 다르지만 대략 같은 자리에 값한다. 여기 웅암의 경우, 김포와 제천과 단양, 경주의 현곡, 전라도의 능 바위가 보인다.

웅곡(熊谷)의 예로 보면 태백산맥을 중심으로 하는 강원도의 홍천과 춘천으로부터 동으로는 울진 예천에서 시작하여 해남과 통영, 그리고 남으로는 진양과 거창에까지 분포하여 있으며 서로는 서산과 당진, 보은과 중원, 보령을 포함하는 지역과 화순과 신안, 광산에 걸쳐 분포하여 있다. 아주 폭 넓은 분포를 보인다.

웅 계 지명의 집중도로 보아 웅 계와 고마 계 지명이 함께 혼재되어 쓰이고 있음을 알 수 있다. 한자가 우리나라에 들어와 우리말을 적는 과정을 고려하면 우리말의 소리가 먼저이고 뒤에 한자의 뜻을 중심으로 적었을 것이다. 그러니까 고마 계열이 먼저 쓰이고 웅계의 지명이 그 뒤에 쓰였다는 이야기가 된다.


## 2. 백두산은 곰뫼

백두산 천지

우리 겨레 역사의 보물이라 할 국보 306호인 ≪삼국유사≫를 보면 고구려를 세운 고주몽의 이야기가 실려 전해 온다. 하백의 따님이었던 유화가 하느님의 아드님이던 해모수를 만나 웅신산(熊神山) 아래의 압록강 가에서 정을 나누어 주몽을 낳게 된다.

여기 웅신산은 다름 아닌 태백산이요, 백두산이다. 중국에서는 불함산 혹은 장백산이라고 한다. 물이 담긴 천지 못의 모습이 마치 웅크림 곰과 비슷하다.

본디 고구려는 졸본 부여였다. 어떤 이들은 지금의 화주(和州)니 성주(成州)로 풀이함은 모두 잘못된 것이다. 졸본주는 요동의 경계에 자리하고 있다. 국사 고구려 본기에 전해 오는 주몽의 이야기를 들어보기로 한다.

고구려의 시조 동명왕의 성은 고씨(高氏)요, 이름은 주몽(朱蒙)이다. 이보다 앞서, 북부여 왕 해부루가 동부여로 피해 가고, 부루가 죽자 금와가 왕위를 이었다. 그 때 한 여자를 태백산 남쪽 우발수(優渤水)에서 만나 물으니,

"나는 하백(河伯)의 딸이며 이름은 유화(柳花)다. 동생들과 놀러 나왔다가 하느님의 아들인 해모수를 만나 웅신산 아래 압록강 가에서 정을 나누었다. 그는 한번 가고는 돌아오지 않았다. 나의 부모들은 중매 없이 결혼한 것을 꾸짖으며 나를 여기로 귀양 보냈다."

라고 하였다. 금와 임금이 이상히 여겨 유화를 집에 가두어 두었는데 햇빛이 비쳐 몸을 피해도 따라가며 비추었다. 마침내 유화는 아이를 갖게 되니 알 하나를 낳았다. 알의 크기가 다섯 되 정도 되었다. 왕이 버려서 개, 돼지에게 주어도 먹지 않으며, 길에 버리면 소나 말이 피해 가고, 들에 버리면 새와 짐승이 덮어 주었다.

더욱 화가 난 임금은 알을 깨뜨리려 해도 깨어지지 않으니 주몽의 어머니에게 되돌려 주었다. 주몽의 어머니가 알을 헝겊에 싸서 따뜻한 곳에 두니, 한 아이가 껍질을 깨고 나왔다. 기상이 뛰어나고 다른 애들과 달랐다. 스스로 활과 화살을 만들어 쏘면 빗나가는 일이 없었다. 당시에 활을 잘 쏘는 이를 주몽이라 하였기에 이

름을 주몽이라 하였다.

금와에게는 아들 일곱이 있었는데, 주몽과 같이 놀면 그의 솜씨를 늘 따라가지 못하였다. 맏아들 대소가 왕에게 말하되,

"주몽은 사람이 낳은 아이가 아닙니다. 만일 일찍 없애지 않으면 후환이 있을까 두렵습니다."

라고 했다. 그러나 왕은 대소의 말을 듣지 않고 말을 기르도록 하였다. 주몽은 좋은 말을 알아보고 조금씩 먹여 여위게 하고 나쁜 말은 잘 먹여 살찌게 하니, 왕은 살찐 것을 타고 여윈 것은 주몽에게 주었다. 주몽의 어미가 왕의 다른 아들들이 여러 장수와 함께 주몽을 장차 해치려 함을 알고,

"이 나라 사람들이 너를 해치려 하니, 너의 재능과 슬기를 갖고 어디 간들 못 살겠는가, 속히 일을 서둘러라."

하였다. 이에 주몽이 오이와 마리, 그리고 협보 세 사람의 벗과 엄수(淹水)에 이르러 고하되,

"나는 하느님의 아들이요, 하백의 손자다. 오늘 도망치고 있는데 뒤 쫓는 자가 따라오니 어찌하겠는가."

하니, 고기와 자라들이 다리를 놓아주었다. 주몽이 건너자 다리는 사라지고 쫓아오는 군사들은 건너지 못하였다.

졸본에 이르러 도읍하였으나 미처 궁실을 짓지 못하여 비류수(沸流水) 위에 초막을 짓고 나라 이름을 고구려라 하였다. 고씨로

성을 삼았으니, 그 때 나이 열두 살이었다.

아직도 일본에서는 고구려를 고마라고도 이른다. 그렇다면 고주몽의 성인 고(高)는 고마 곧 곰을 가리킬 가능성이 있다. 이야기의 공간으로 웅신산이 나오는데 달리 태백산이라고도 이른다. 여기서 우리는 웅신산의 웅(熊)과 태백산의 백(伯)과 백두산의 백(白)이 곰을 드러내는 뜻은 아닌가 하는 의문을 갖게 된다.

백두산의 백(白)은 옛날 한자음이 백과 맥으로 소리가 나는 한자였다. 백제의 풀이에서도 좀 더 자세히 알아보겠지만 맥(貊)은 ≪본초강목≫에 쇠를 먹고 곰과 비슷한 짐승이라고 하였다. 곰의 일종이면서 가장 강력한 곰이라는 풀이가 가능하다. 상징적으로 보면 쇠를 먹는다는 것은 쇠 곧 철기 이후의 이야기임을 암시한다.

소리의 발달로 보아 백과 맥의 소리 가운데 맥 쪽이 더 먼저일 가능성이 높다. 우선 입술소리 가운데 가장 기본이 되는 소리가 미음(ㅁ)이고 여기에다 글자를 더하여 비읍(ㅂ)을 만들기도 하였을 뿐 아니라 아이들의 언어습득 과정을 보더라도 미음(ㅁ)쪽이 더 먼저임을 고려, 그렇게 본 것이다.

그러니까 백두산은 곰뫼 혹은 곰 머리 산이라고 할 수 있다. 백두산이 웅신산이니까. 진해의 웅천동에 가면 지금도 곰산 곧 곰메가 있고 웅천의 옛날 이름이 웅신이었음을 알 수가 있다. 곰산을 웅산이라고도 이른다.

김포와 해남의 곰메는 물론이고 곰산의 경우, 전라도의 김제와 해남 보성, 경상도의 창녕과 진해, 경기도의 김포와 충청도의 영동을 들 수 있다.

흔히 백두산을 백산이라고도 이른다. 우리나라의 백두대간에는 백(白) 계열의 산들이 있다. 오늘날 태백시의 태백산과 함백산, 그리고 백산, 소백산을 들 수 있지 않은가.

높은 산이니까 언제나 눈이 쌓인 곳이라 하여 흰 백자 백두산이라 하는 풀이도 있다. 겨레의 성스러운 산이자 단군신화의 터전이 된 백두산은 분명 곰뫼일 가능성이 높다. 경상도의 팔공산도 본디 그 이름이 공산(公山)이었는데 이는 공주에도 공산이 있다. 곰골에서 공주가 나왔음을 고려하면 공산이 곰뫼일 가능성은 아주 높다.

우리나라의 전역에는 백두산으로 나오는 산의 이름과 마을 이름이 17곳이나 된다. 백두산은 우리 겨레의 희망봉이건만 중국과 북한의 국경선에 쇠 울타리가 쳐 있고 국경수비대 군인들이 밤낮으로 지키고 있다.


(백두-의 지명 분포)
백두산(경기강화내기) 백두산(경기김포검단) 백두산(전남나주산포)
백두산(전남보성문덕) 백두산(광주광산) 백두산(전북진안부귀) 백

두산(울산남장생포) 백두산(경남의령정곡) 백두산(경남김해) 백두
산(경북경주양북) 백두산(경북성주용암) 백두산(충북옥천군북) 백
두산(충북청원강서) 백두산(강원원주단계) 백두재(충북청원강서)
백두점(경북상주낙동) 백두뿔(전남현경)

(한글학회(1991), ≪한국땅이름사전≫)

산의 북쪽은 중국 연변 조선족자치주 안도현이다. 이도백하 쪽
으로 올라가는 백두산 산행의 길섶에는 만주족의 시조 불고륜(佛
古倫)과 애신각라(愛新覺羅)의 전설이 깃든 미인송 숲이 지나는 나
그네들의 눈길을 끈다. 백두산의 서쪽에는 송강하가 있으며 동남
쪽에는 북한의 양강도 삼지연이 있다.

백두산을 오르면서 제 땅을 두고 남의 나라로 해서 갈 수밖에
없는 오늘의 이 현실이 참으로 가슴 미어지게 아려온다. 힘이 없
는 개인이나 겨레들이 겪어야 하는 아픔이랄까. 마음 무거운 발
걸음으로 겨레의 영산을 찾아가는 을씨년스러움이 가슴팍을 짓
누른다.

백두산에서 흘러내리는 물길은 크게 다섯 갈래. 가장 처음으로
손꼽히는 것이 두도백하(頭道白河), 다음으로 이도백하와 삼도백
하, 사도백하와 오도백하까지 있어 흑룡강의 원류라 할 송화강과
한 많은 두만강이며 고주몽 신화의 압록강이 흐른다. 여기 백하라
함은 백두산에서 흘러내린 물이다.

등소평의 어록이 새겨져 있다. 한 번 이산에 오지 않으면 평생의 한이 된다고. 백두산은 중국의 십대 명산이며 최근에는 오대 명산으로 알려져 있다. 백두산이 문헌에 처음으로 나타나는 이름은 중국의 지리서인 ≪산해경≫에 불함산(不咸山)이라 하였다. 남북조시대에는 개마대산(蓋馬大山) 혹은 도태산(徒太山) · 태백산(太白山), 당나라 때는 태백산, 금나라 때에는 장백산 또는 백산이라 불렀으며 원나라 · 청나라 때에도 장백산이라는 이름은 변하지 않고 지금껏 그렇게 부른다.

대략 9백 년 전부터는 백두산이라 하였다. 조선에서는 환하고 맑은 산이라 하여 한밝산이라고도 하였고 또 태백산 · 장백산이라고도 불리다가 그 후 백두산이라고 하였다. 중국에서는 장백산이라 부른다. 산 이름은 여러 차례 바뀌었지만 날씨가 춥기 때문에 항상 눈이 덮인 산이라는 뜻에서 그리 불렀다.

글쓴이가 2003년 여름 두 번째 갔었을 적. 장백산 폭포 물은 발을 담그고 속으로 서른을 헤아리기 어려울 정도로 차가웠다. 시리도록 맑고 찬물이 바로 천지 샘이다.

1962년도에 정해진 국경선에 따르면 북한에 속한 천지주변의 중요한 봉우리로는 쌍무지개봉 · 향도봉 · 삼기봉 · 장군봉 · 단결봉 · 제비봉 등이고 중국측에 속하는 산봉으로는 옥주봉 · 백운봉 · 지반봉 · 금병봉 · 관일봉 · 용문봉 · 천활봉 · 철벽봉 · 천문봉 · 화개봉이다. 중국과 북한 두 나라에 속하는 산봉으로 제운봉·와호봉·관일봉 등 세 개봉이고 천지면적 중 약 4할이 중국 것이고 6할이 북한 땅이다.

이들 봉우리 가운데 가장 높은 곳은 역시 병사봉이라고도 하는 장군봉이다. 최근 북한 학계는 한반도의 산맥 체계를 새로이 간추렸다. 백두산에서 김해의 구지봉까지 1,470킬로미터를 백두의 줄기라고 하여 이른바 백두대간의 맥을 정리하여 놓았다

한마디로 백두산의 어원은 곰 머리 산이다. 곰을 숭배하는 아이누나 어원카 혹은 어룬춘 족들의 제의과정을 보면 곰 머리를 제단 위에 올려놓고 입에다 긴 막대기나 아니면 담뱃대를 물려서 그 앞에 부족장이 무릎을 꿇고 화해를 청하고 겨레들의 안녕과 번영을 기원한다.

그러니까 곰의 머리 부분이 가장 신성한 영험의 상징으로 떠올렸던 만큼 백두산은 곰을 숭배하는 이들에게는 백두산의 높은 봉우리가 곰의 머리 부분이요, 곰신의 상징으로 우러러 모셨을 것이다.

불함산(不咸山)도 곰신앙과 무관한 것으로 보이지는 않는다. 한자의 뜻으로는 다함이 없는 산이라는 말이요. 여기 불함에서 함-의 원소리가 감이고 보면 불함산은 불곰이란 풀이도 가능하다. 곰 가운데는 불곰이 가장 강력한 곰으로 표상된 것으로 볼 수 있다.

웅크린 듯 백산 곰은 늘 먹어도 배가 고파
낙동 한수 두 물 줄기 그리움에 목 마르고
해 지고 부엉이 울면 두고 그릴 임이여

우리나라의 전역에 17개의 백두-에 혹은 그 이상의 곰뫼에다 간절한 기원과 제사를 올렸을 것으로 보인다. 두고 온 고향 땅의 조상을 그리면서 곰신에게 경배하였음을 짐작하기란 어려운 일이 아니다.

공간은 다르나 같은 태백산맥의 줄기에 태백산이라 하여 오늘날에도 단군의 신당을 모신 곳이 있으니 강원도의 태백을 들겠다. 그럼 곰과 관련한 지명들이 어떻게 분포되어 있는지 살펴보도록 한다.

태백산

태백의 백산면(栢山面) 기슭에서 발원하는 곰강을 들어보자. 흰 백산은 백병산을 이르며 백산이라고도 한다. 곰강은 큰 곰강과 작은 곰강이 있는데 큰 곰강은 산제당골 왼쪽에서, 작은 곰강은 물뺑골 왼쪽에 있다. 두 골 모두가 가파른 산등성인데 옛날에 곰이 살았다고 하여 붙인 이름이라고 한다.

고무골은 장광말을 지나서 꾑밥재로 올라 가다가 오른 쪽에 있는데 옛날부터 곰이 많이 살았다. 동점에 가면 고무 덫 골이라는 곳이 있다. 삼동실 다음에 있는데 옛날 곰이 많이 있어 곰을 잡기 위하여 덫을 놓았기에 그리 부른 곳이다.

통리에 가면 고무등이 있다. 이곳은 곰이 많이 살았던 산등이며 큰 바위들이 있다, 그래서 고무등이라고 불렀다. 경우에 따라서는 곰과 비슷한 소리를 갖고 있는 굼 혹은 구멍에 이끌리어 생긴 전설도 있어 흥미롭다. 가령 진해 웅천동의 웅산이 그러하다.

웅산은 높이가 670미터로 곰산·시루봉이라 한다. 산세가 가파르고 나무숲이 울창하다. 동쪽의 화산, 서쪽의 장복산과 능선으로 이어지며 동남쪽 진해만으로 흘러드는 아홉 내와 북서쪽 마산만으로 흐르는 남천의 발원지다. 동남쪽 산기슭에는 구천동 계곡이 있고, 그 아래에 신라시대에 세워진 웅신사의 전설도 곰과 무관하지가 않다.

성주사는 고려 말 원종 때까지도 웅신사, 속칭 곰절이라고 하였는데 여기에도 재미있는 두 가지 이야기가 전한다.

첫 번째 이야기는 진경대사가 원래의 성주사 터에 절을 중건하였을 때, 본래의 자리는 지금의 위치에서 북쪽에 있었는데 불에 타버렸다. 하룻밤 사이에 곰이 절 지을 나무를 현재의 자리로 옮겨놓아 부처님의 뜻으로 알고 이곳에 절을 세웠다.

두 번째 이야기는 불모산에 살던 곰이 배가 고파 내려왔으나 스님들이 수행에 정진하는 것을 보고 흉내를 내다가 그것이 공덕이 되어 후생에 사람으로 태어났다는 것이다. 인연을 따라 성주사에서 땔감을 하는 행자 일을 하다가 밥이 타는 줄도 모르고 삼매에 든 것을 주지스님이 지팡이로 머리를 치며 깨우는 순간 깨달은 바가 있어 용맹 정진하여 큰스님이 되었다.

한편 웅산을 곰산이라 하였는바, 여기 곰과 소리가 아주 비슷한 굼 혹은 구멍과 관련한 전설이 전해온다.

전설에 따르면, 옛날 함경도에 살던 이씨는 조상의 묘터를 구하기 위해 명당자리를 찾아 전국을 헤맸다. 이 봉우리에 큰 구멍이 두 개 뚫린 좋은 묘터를 찾아냈다. 두 개의 구멍 가운데 첫째 구멍에 묘를 쓰면 자손 중에서 임금이 나고, 둘째 구멍에 묘를 쓰면 천자가 나올 명당이었다.

이씨는 머슴인 주씨에게 자기 조상의 유골을 둘째 구멍에 놓도록 일렀다. 그러나 하인은 주인 모르게 자기 부친의 유골을 둘째 구멍에 묻고 주인이 준 유골은 첫째 구멍에 묻었다. 그래서 첫째 구멍의 후손 중에 조선 태조인 이성계가 태어나고, 둘째 구멍의 후손 중에 명태조인 주원장이 태어났다는 것이다.

여기 구멍 전설이 나오는 것은 곰과 구무 혹은 구멍이 그 소리가 거의 같음으로 하여 생겨난 이야기로 보인다.

> 눈서리 몰아쳐도 품속은 봄날인가
> 안 마시고 안 먹어도 잠은 편히 자련마는
> 손 모아 동해를 보며 꿈에 부푼 성모여

## 3. 웅봉(熊峰)의 내력

무등산 웅봉의 지명 전설이 전해온다. 금곡 마을은 무등산 원효 골짜기의 첫 번째 자리한 마을이다. 예부터 피란처로 알려져 제일 서림이란 마을이 있다고 하나 물이 좋기로 유명하여 부쳐진 이름이라 한다.

조선 왕조 무렵 광주가 동면과 서면으로 나뉘어 있을 때, 석저리를 중심으로 동면의 서림촌이 있었다. 뒤에 석저면 서림리가 된 지역으로 세림, 서름, 서림, 서촌으로 불려왔다. 또한 주변에 쇠가 많이 나온다고 해서 금곡 마을로 불린다.

무등산 웅봉

1914년 조선총독부가 실시한 행정구역 개편 때에는 석저면의 원촌리, 신촌리, 서림리, 이치리와 상대곡면의 화암리 일부를 병합하여 석곡면 금곡리로 불리었으며 금곡리 중 가장 큰 마을이다. 마수산의 말미등에는 국가 사적 141호로 지정된 충효동 도요지가 자리하고 있고 마을 뒤 서북쪽에는 벼락바위가 있는데 충장공 김덕령 장군의 시검바위라고 한다.

500여 년 전에 이루어진 금곡 마을은 남평 문씨가 중국 능주에서 건너와 터를 잡았다고 하며 처음으로 이 마을에서 살기 시작한 이는 중국 능주에서 건너온 처사 문광록이라는 것이다.

본디 남평 문씨 마을이었다고 전해지나 지금은 다른 성씨들이 더러 들어와 살고 있으며 마을과 마주하고 있는 곰봉 또는 호랑이봉, 선비봉, 탕건봉의 지세가 너무 세어 주민들의 기 또한 세었다고 전해진다.

문병일이 세운 삼괴정이 들 가운데에 자리하고 있으며 그 옆에는 남근 형태의 선돌이 있는데 당산제를 지낼 때 사용하던 돌이라고 한다. 꾀꼬리 당산이라고도 불린 돌이다. 50여 년 전부터 당산제는 없어지고 삼괴정의 바위만 여전히 남아 있다.

한편 금곡 마을에서 풍암 정사로 가는 도중에 샘 바위라는 마을에서는 조선시대에 종이를 만드는 지소 터라는 기록이 발견되었으나 6·25 동란으로 말미암아 이 마을 전체가 없어졌고 이 마을 어름의 와송정이란 정자도 자취만 남아 있을 뿐이다. 마을의 주변 경치가 아름답다.

> 눈꽃 핀 봉우리에 솜다리가 더욱 고와
> 거북인가 고마인가 천년 가도 말이 없네
> 빛고을 푸르른 넋은 저 눈밭에 대숲으로

## 4. 고마 계 땅 이름

곰의 옛말은 고마다. 곰을 숭배하는 지닌 겨레들이 살던 마을에 저네들의 발자취를 마을 이름에 남겨 놓았을 가능성이 있다. 변광현(≪고인돌과 거석문화≫, 1997)의 지명을 통하여 본 민족 이동의 풀이가 많은 시사점을 던져준다.

고마 계의 땅 이름으로는 금강이 가장 대표적인 것으로 보인다. 금강의 본디 이름은 웅천하였다. 뒤에 다시 웅천 혹은 금강으로 바뀌어 썼으나 그 기원은 같은 곰에서 말미암은 것이다. 뒤에 백마강은, 소정방이 백마의 머리를 미끼로 하여 용을 낚았던 바위를 조룡대라 하고 강의 이름도 사자수에서 백마강으로 바뀌어 오늘에 이르러 쓰이고 있다.

≪삼국사기≫ 백제본기에 따르면, 무령왕 무렵의 기록에 이미 금강을 백강(白江)으로 표기했던 사실이 있다. 마치(馬峙), 마한(馬韓), 마천지(馬川池) 등에서와 같이 말(馬)을 크다는 뜻으로 써 왔음을 고려할 때 백마강은 곧 백제에서 가장 큰 강이기에 붙여진 이름으로 볼 수도 있을 것이다.

흔히 부여의 정동리 앞 범 바위에서부터 부여읍 현북리 파진산 모퉁이까지의 약 16킬로미터 사이를 백마강이라 한다. 여기 ≪삼국사기≫에서 이르는바 백강을 눈여겨보자.

여기 백(白-)은 백두산이나 백제의 백의 기원형이 맥(貊)이며 이는 곰을 이른다. 그러니까 백강도 금강이 웅천하이고 곰내이듯 백강도 또 다른 하나의 곰내로 보자는 것이다.

그러다가 당나라 소정방 이야기가 끼어들면서 백마강으로 불리어졌다. 보는 이에 따라서 백강을 사비강 혹은 살피강으로 보아 나라와 나라, 지역과 지역의 사이 강으로 보자는 주장도 있다. 그러나 한자로 적던 이른 시기에는 우리말 소리에 맞는 한자를 적는 것이 앞 설 것으로 보아 이러한 가능성을 생각해 봄직하다.

이 밖에도 금강은 비단처럼 아름답다 하여 금강-비단강이라 하였다. 금강은 그 물줄기를 따라 구간마다 여러 이름으로 불리어 왔다. ≪택리지≫를 보면 금강의 뿌리가 되는 상류지역을 적등강(赤登江)이라 하고, 공주 부근을 웅진 혹은 금강, 그 아래를 백마강(白馬江), 강경강(江景江), 다시 그 아래를 진강(鎭江)이라 한다.

금강은 전북 장수군 장수읍 신무산(神武山)에서 발원하여 서해의 군산만으로 흘러드는 우리나라 6대 하천이다. 남한에서는 한강과 낙동강 다음으로 긴 강. 금강의 발원지라 할 신무산을 살펴보면 신무산의 신무-는 이두식 읽기로 곰 혹은 검으로 읽힐 개연성이 있다. 신무의 무(武)는 거북을 드러내는 현무의 무로서 앞 한 자의 소리를 미음으로 끝나는 뜻으로 읽어 검 혹은 곰으로 읽으라는 표지로 보면 곰신의 내 곧 웅천하가 된다.

본류는 장수읍의 수분리 강태등골에서 시작하여 진안과 덕유산 지역에서 흘러오는 구리향천과 정자천 등 여러 작은 내들이 모여 북쪽으로 흐른다.

전라북도의 북동부 경계 지역에 이르러 남대천과 봉황천이 만난다. 다시 옥천과 영동 사이의 충청북도 남서부에서 송천과 보청천이 만나 북서쪽으로 물길을 바꾼다.

이어 대전을 서북쪽으로 흐르는 갑천과 대전천이 합쳐 충청북도의 부강에 이르러 남서 방향으로 물길을 바꾸면서 미호천과 만나, 공주와 부여 등 백제의 옛 서울을 지나 강경에 이르러서는 충청남도와 전라북도의 살피를 이루며 서해로 흘러 들어간다.

여기 갑천은 지리산에도 횡성에도 있다. 횡성의 경우, 글 쓰는 이의 고향인데 그 고장에서는 흔히 감내라고 한다. 그러니까 갑내의 소리가 바뀌어 갑내-감내가 되었으며 갑내를 한자로 적어 갑천(甲川)이 된 것이다.

갑천의 갑-은 중앙을 드러내는 말로서 갑천은 가장 큰 중앙천의 뜻으로 쓰인 것으로 보면 된다. 기원적으로 가운데를 뜻하는 갑-은 기원형이 감이다. 감은 신이니 신 본위 사회에서 물신을 믿고 숭배하던 그 믿음의 뿌리였다. 갑(甲)-은 자원으로 보아 거북을 뜻한다. 거북의 본디 말이 감-이었으니 물신으로서의 거북을 드러내는 농경사회의 풍년에 기원이 담겨 있다.

한편 우리 말 곰을 적을 한자가 없어 가까운 금(今) 혹은 금(金)이 들어가는 금마로 적었던 것으로 짐작할 수 있다. 적기에 따라서는 곰을 소리가 비슷한 검-감-금으로 적었던 것이 아닌가 한다.

이와 관련하여 고마 계열에 드는 고장의 이름으로는 공주를 들 수 있을 것이다. 단적으로 곰골을 한자로 적는 과정에서 곰 골을 소리 나는 대로 읽으면 공골이 되는데 다시 공은 그대로 한자의 소리대로 적고 골은 한자의 뜻으로 삼아 공주라고 적은 것이다.

이와 비슷한 이름으로 공산(公山)이 있다. 또 다른 보기가 대구 팔공산의 경우. 팔공산도 본디의 이름은 공산이었으니 같은 곰 숭

배를 바탕으로 하는 고마 계의 산 이름이었다. 고마 계의 지명은
널리 퍼져 있다.

(고마 계의 지명)
고마나루(금강, 웅진)(공주) 공주(공주) 고마실(구마실)(안동 길안
금곡) 고마천(서천) 고모령(대구수성) 고모리(곰굴, 고무굴, 고모
동)(화성 마도/김해) 고모재(웅성웅현)(문경 농안 궁기) 고목(웅항,
곰의목)(제천 덕산 선고) 고목동(인제 기린 미산) 고무골(웅동, 여천
화양/장수 반암 노단/정선) 고무골 산막(무주 부남) 고무 구녕(산청
삼장) 고무굴(단양 영춘 별장) 고무 다리동편/서편(안성 공도 웅교)
고무등(삼척 도계) 고무리(웅동, 예산 대술) 고무실(보은 학림/삼척
하장) 고미내(곰내, 웅천 개성) 고미재(괴산 청천)
곰개(웅포)(진해 남문/당진 석문/익산함라) 곰고개(공고개, 의정부)
곰골(웅동, 여천 화양-/광양 옥룡/광양 진상/구례 간전/익산 삼기/
임실 삼계/함양 휴천/밀양 무안/사천 사천/양산 양산 호계/보령 주
산/보은 내북)
**곰내**(웅천, 소귀포 서흥/여천 우봉/진해/싼청 생초/양산 철마/울산
웅촌/청송 현동/천원 광덕/논산 양촌/보령 천북/양산 정관)
**곰내미**(포천 일동/안성 이죽/산청 금서/문경 가은/ 봉화 춘양/원주
귀래/포천 영중)
**곰내재**(웅천현)(양산 철마/청송 현동)
**곰말**(여주 능서/이천 마장/이천 부발/이천 설성/강화 교동/단양 영
춘/음성 삼성/삼척 미로/양양 강현)
**곰바구**(승주 증주/광양 봉강/하동 악양) 곰바우(함평 대동/해남 현

산/보성 득량/보성 웅치/ 완주 동상/장수 산서/진양 일반성/거창 고제/거창 위천/경주 현곡/군위 효령/단양 영춘/제우천 금성/고성 죽왕/양야 서/철원 화지)

**곰소**(부안 진서/전남구례)

**곰실**(웅곡)(여주 북내/연천 백학/남양주 진건/화순 다곡/신안 도초/광산 삼도/ 장수 반암/함양 신천/진양 대곡/거창 자알/고성 회화/김해 진례 고모/청도 안인/영주 장수/상주 공성 영오/선산 무을 웅곡/서산 운산 고산/예산 대술/당진 면천/청원 문의 덕유)

**곰재**(웅치)(보성 웅치/곡성 삼기/남원 대강/남원 산내/선산 산동/김천 개령/달성 구지/논산 양촌/대전 유성/보령 미산)

**곰치**(웅치)(임실 신안/진안 부귀/진해 용원/강화 화도/화순 청풍/완주 소양)

**곰티**(웅티)(하동 양보/논산 양촌/보은 내북/김해 장유/청도 매전)

**공개**-(곰개-)(서천 한산/강화 삼산/당진 우강/의창 진전/인실 오정/김해 생림)

**공주**(곰골)(공주)

**공 고개**(곰고개) (의정부 신곡/이천 장호원/포촌 영중)

**공골**(곰실, 웅동)(익산 용안/잔수 반암/남원 산동/하동 화개/합천 묘산)

**공근리**(곰굴)(횡성 공근(公根) : 본디 곰굴이라 하던 것을 고려 말엽에 직제학 팔계 정전이 살면서부터 공근으로 고쳤다.)

부안 진서면에 가면 곰소라는 마을이 있다. 곰소는 웅연 혹은 웅소라고도 이르며 진서리 남쪽의 항구다. 곰섬의 앞 바다에 깊은 소가 있어 곰소라 한다. 이 소를 여울개라 하는데 칠산 바다의 수호신인 개양 할매가 지나다가 무릎까지 빠졌다는 전설이 있다.

고려 말 우왕 때에는 왜선 50여 척이 이곳으로 침입하여 보안현과 부령현을 점령하기도 하였던 곳이다. 지금의 곰소항은 1938년 인공으로 만들어진 항구다. 구진 서편의 범섬과 곰섬 사이의 바다를 막아 호수처럼 생겨난 90헥타르의 빈터에 항구를 만들었다.

곰소와 관련이 있는 곳으로는 거무진과 곰섬을 들 수 있다. 거무진 마을. 구진마을. 검모포 진영이 있는 마을은 모두가 곰과 관련한 이름들로 보인다. 곰섬은 물론이고 거무진의 거무도 곰의 소리가 다소 달라진 이름으로 볼 수 있다. 곰소의 동쪽 해변 마을이다. 마을의 서편 산등성이에 옛 진영의 관아 건물이 들어섰던 자리가 남아있다. 여기 검모포의 검모도 본래의 뜻은 곰에서 갈라져 나아간 것이 아닌가 한다.

곰섬은 웅도라고도 부른다. 곰소 서쪽 끝자락 당재가 있는 나랫산의 별칭이다. 당재에는 검모포 앞 바다를 지키는 해신을 모신 당집이 있었으며 섣달 그믐날에는 풍어와 안녕을 비는 풍어제를 지냈다. 이 당제 밑에서 고창군 부안면의 반월리로 오가는 나룻배가 있었다.

위에 든 보기들을 보면 곰을 드러내는 형이 다양하다. 고마-구무-고미-고모-고무/곰-금-공/거무-검모가 그런 보기들이다.

공주가 곰골에서, 금강은 곰내에서 비롯되었음과 같이 고마 계의 땅이름이 뿌리 깊음을 알 수가 있다.

고마는 어머니라 겨레의 젖줄임을
그 젖줄 흘러 모여 온 목숨을 기르나니
천지못 하늘의 꿈을 배달나라 꽃이 피리


## 5. 팔공산과 곰 신앙

큰 나무 밑에 구멍이 있었는데 벌이 그 안에 벌집을 지었다. 이를 안 곰이 자주 와서 꿀을 먹었다. 농부는, 꿀은 물론이요, 곰 잡을 궁리를 하였다. 나무 위에 끈을 매어 달고 큰 돌을 끈에 달아매어 구멍을 덮어놓았다. 곰은 꿀을 먹으려고 돌을 밀었지만 돌은 다시 구멍을 덮었다. 화가 난 곰은 머리로 돌을 들이박자 그만 죽고 농부는 곰을 잡아서 돌아갔다(대구시산격동 진지섭 제보. 79세(1991)).

말소리는 단순한 소리가 아니다. 꿀벌의 소리가 어떤 움직임을 나타내듯이 뜻을 지니고 있다. 말이 사회생활의 약속이요, 그릇이라면 그곳에는 분명 사회와 역사적인, 문화의 속내를 담게 되어 있다. 때를 거슬러 옛날로 갈수록 그 드러냄의 깊이는 더할 것이다.

금호강이 대구의 서북면을 감돌아 흐르는 가람이라면 팔공산은 가람의 북쪽에 자리 잡고 있으며 대구의 뒤쪽에 있어 울타리의 구실을 하는 진산이다.

《달성군지》에 따르면 신라 말에 견훤이 경주를 쳐들어갔을 때 고려 태조 왕건이 날쌘 군사 오천을 거느리고 신라를 도우러 가다가 팔공산, 당시의 동수산에서 견훤을 만났다. 마침내 견훤의 군사에게 둘러 싸여 왕건이 죽게 되자 이를 돕던 신숭겸, 김락, 전이갑, 전의갑 등 여덟 장수가 힘써 싸우다 전사하였다.

이 때 신숭겸 대장은 왕건과 생김이 비슷하였다. 그의 갑옷을 입고 수레를 타고 싸우는 동안 왕건은 안심 방면으로 몰래 빠져 살아났다. 여덟 장수 모두가 죽어 공신이 되었다 해서 팔공산이라고 불렀다.

뿐만 아니라 임진왜란 적에는 사명당이 영남지방의 승병사령부를 이 산에 두어 승병지휘의 본거지로 삼은 일이 있다. 6·25 전쟁 때는 어떠했던가. 그 치열했던 팔공산 싸움 끝에 인민군의 마지막 공

팔공산 갓바위

격을 뿌리치고 낙동강을 건너 북으로 쳐 올라가게 한 디딤돌이 되었던 곳.

임란 당시 의병대장으로서 바람 앞에 등불 같은 조국을 지키기 위하여 의병을 일으켜 싸웠던 신해 장군이나 최문병 장군, 그리고 황경림 장군의 싸움터도 팔공산 초례봉 어름이었다.

싸움 통에 총탄에 맞아 구멍 난 바위가 많다 하여 곰보딱지 산으로도 불린다. 동화사며 은해사를 비롯한 50개 이상의 절과 암자, 산의 기슭에 있는 무당촌이며 때도 없이 몰려드는 갓바위 신도들은 참말로 믿음의 산이라 할 만하다.

> 초례봉에 횃불 들고 장승처럼 서 있노라
> 바람 앞에 등불이라 목숨인들 아까우랴
> 임께서 가신 길이니 눈길이라 마다하리

## ❑ 팔공산의 공(公)은 곰

팔공산의 이름은 본디 공산이었다. 공산의 '공(公)'이 드러내는 소리와 뜻의 속내를 알아보기 위하여 몇 가지의 볼거리를 더듬어 볼 필요가 있다. 팔공산은 옛날부터 일러 공산(公山)이라 했다. 해안 고현 북쪽 17리쯤에 자리 잡고 있으며 대구도 호부에서 35리 떨어져 있다. 대구·칠곡·인동·신령·하양의 사이에 두루 통한다 (≪대동지지≫). 공산은 달리 팔공산이라고도 하며 해안현 북 17리에 있다. 신라 때 부악(父岳)으로 불렀고 중악(中岳)에 가깝다 해서 중사를 모셨다. 대구의 공산성(公山城)은 공산 동쪽에 있으며 도호부 30리쯤에 있다. 돌로 쌓아 올려 높이는 4자, 둘레는 1,560자가 되며 성안에 샘이 둘, 작은 도랑이 셋이 있다. 한 편 공주의 공산성은 공주의 북쪽에 2리쯤에 있는바, 돌로 쌓았으니 둘레가 4,850자요, 높이가 18자나 된다. 성안 우물이 셋, 못이 하나, 군사용 창고도 있다. 세상에 전해 오기로는 백제의 옛 성으로 신라의 김응창이 진을 쳤던 곳이라고 한다. 임진란 때 조헌 장군이 의병을 훈련하였다(≪동국여지승람≫).

사가(四佳) 서거정의 시 공령적설(公嶺積雪)을 떠올려 본다.

| | |
|---|---|
| 공산 높은 봉우리 높기도 하이 | 公嶺千層依峻層 |
| 골짜기마다 눈이 덮이면 은세계라네 | 積雪滿腔沉澄澄 |
| 옛부터 산신당에는 신령이 응하여 계시고 | 知有神祠靈應在 |
| 삼년 눈이 많이 오면 풍년이 든다네 | 年年白白瑞豊登 |

이 시를 읽노라면 팔공산은 본디 공산인데 이는 공주의 공(公)과 같은 맥락이 아닌가를 의심하게 한다. 대구의 공산성이 그러하고 공주의 공산도 다름 아님을 알 수 있다. ≪대동지지≫에서는 산의 모양이 공(公)자와 같아서 공산이라 하였다고 풀이하였다. 어디 산의 모양이 공-과 같지 않은 것이 몇이나 될까. 입에서

입으로 전해 오는 풀이로 보아도 좋을 것이다. 이제 공-에 대한 자료를 찾아 바뀌어 온 과정을 알아보도록 한다.

공주는 본디 백제의 웅천이었다. 문주왕 때 북한산성에서 옮겨 와 성왕 때에 다시 남부여로 옮겼다. (중략) 당의 소정방이 김유신 과 함께 백제를 치고 그 자리에 웅진 도독부를 설치하였다. 당이 물러 간 뒤에 신라가 그 땅을 다 차지하고 신문왕 때 웅천주로 고 쳐 도독부를 두었다. 경덕왕 때 이르러 다시 웅주로, 고려 태조에 와서 지금의 이름으로 고쳤다(《동국여지승람》).

웅(熊)이 곰의 뜻을 드러낸 한자의 뜻 빌림이라면 공은 곰의 소 리에 가까운 그러면서도 고귀한 뜻을 함께 드러낸 소리 빌림이다. 이는 곰이라 적을 직접적인 한자가 없기 때문이다.

웅(熊)의 옛적 소리를 재구성해 보면 보기의 자료와 같이 굼(궁) 에 가까운 소리였는데 이를 받아들인다면 '굼-훙-슘-융-웅'의 걸림이 있음을 미루어 알게 된다. 이와 함께 공-의 밑바탕이 곰 (고마)이었음은 강 이름 금강에서도 볼 수도 있다.

금강(錦江)의 본디의 이름은 웅천하(熊川河)였으며 샘의 뿌리는 장수 지방의 수분치 고개에서 비롯한다. 북으로 흘러 진안·용 담·무주·금산·영동·옥천·회덕을 거친다. 공주의 북쪽을 돌 아 흐른다(《대동지지》). 금강은 웅천하(熊川河고마 ㄴ릭(熊津〈용가 3.15〉)라고도 이른다.

금강의 '금-'이 고마(곰)을 드러내는 '웅'과 걸림이 있음을 보여 주고 있다. 하면 금강의 '금'이 고마(곰)에서 비롯하여 뒤에 비단 결 같이 아름답다는 뜻을 더하면서도 본디의 뜻은 '곰(고마)'에 터 하고 있음을 드러낸다. 앞의 보기를 동아리 지으면 공-이나 금- 은 모두 웅 또는 고마(곰)를 가리키는 변이형일 가능성이 있다.

　웅신단에 곰 어머니 자나 깨나 애들 걱정
　강물은 천년 두고 향수로 목말라 해
　젖 줄기 온 고을마다 상사화를 피우나

　짐승으로서 곰이면 그뿐이겠으나 사람의 조상이자 신의 의미가 주어지는 대상으로라면 그 상징성은 사뭇 달라진다. 먼저 ≪삼국 유사≫ 고조선 부분에 나오는 우리들의 건국신화를 다시 떠올려 보자. 흔히 신화란 신화시대를 살았던 사람들의 자연과 우주, 인 간의 기원에 대한 이야기다.

　단군신화는 고조선 시기에 이른바 하늘의 태양을 숭배하는 청 동기 문화를 누린 알타이 겨레와 곰이 조상일 거라는 믿음을 지니 고 돌그릇을 쓰던 신석기문화의 곰 겨레가 어우러지는 이야기라 하여 지나침이 없을 것이다. 알타이란 말도 몽골말로 알툰(altun) 에서 비롯하였는데 이 또한 금 곧 쇠를 뜻하였다.

　분명 웅녀-곰 부인은 제사장인 단군의 어머니이자 조상이다.

어버이 없이 이 땅에 태어나는 사람이 있을까. 하면 곰 부인은 적어도 제사와 경배의 대상이 되어 마땅하다.

같은 알타이 말인 에벤키 말을 보면 '곰-조상신-영혼'이란 값매김이 가능하다. 지금도 아무르강 지류에 사는 고아시아 겨레들은 나무로 곰상을 지어 동네 어구나 집안 한 모퉁이, 일반적으로 북쪽에 모셔서 삼가 제사를 모신다. 물론 그러한 사람의 수는 일만 남짓에 지나지 않지만.

조선조 때의 자료만 보아도 그럴 가능성은 있다. 열린 음절형으로는 곰은 '고마'였다. 고마는 경건하게 예배하고 삼가야 될 거룩한 존재였다. 본디 '고맙다'는 '존귀하게 여기다'의 뜻으로 쓰이었으며 단군신화에서처럼 '어머니'의 뜻으로 쓰였음을 떠올리면, '고맙다-어머니와 같다(나의 조상신과 같다)'는 풀이가 된다.

세계 어느 겨레의 말에서 이와 같이 역사적인 내력을 간직하여 오늘날까지 쓰는 말이 있을까. 참으로 조상신으로서의 곰이란 거룩한 존재이다. 1998년 여름 특강 차 영국의 교육학자 내외가 학교에 들른 일이 있었다. 그 때 고맙다와 감사하다의 차이를 풀이하여주니까 참으로 특이하다는 인상을 받았다고 하면서 한국의 문화적인 전통을 이해하는 데 도움이 되었다고 했다.

위의 이야기도 큰 예외는 아니다. 단군신화의 변형으로 보이는 것이 바로 고마나루 전설이다. 마침내 곰 사당을 받들어 모심으로

써 뱃길이 편안하게 된다. 세월이 흐를수록 곰에 대한 믿음은 사라지고 그냥 곰에 대한 일상적인 얘기로 그 성격이 바뀌고 만다. 곰신을 섬기지 않아도 더 이상의 해를 입을 두려움이 없어졌기 때문이라고 볼 수 있다.

팔공산의 경우, 곰은 아예 사냥의 대상이 되고 더 이상 흠모해야 할 아무런 뜻이 없어지고 만 것이다. 하지만 곰 신앙에 대한 말미암음이 다 없어진 것은 아니다. 세월은 가도 강산이 여전하듯 사람과 시대에 따라서 의미는 조금씩 달라져도 뿌리 상징은 살아 쓰인다.

말은 소리상징이다. 그것이 사회적으로 큰 영향을 줄 수 있는 말이면 그만큼 상징성은 커진다. 곰이 그런 경우로 보인다. 위의 자료를 보면 곰은 방위로 북쪽이요, 공간으로는 물이요, 구멍이며 색깔로는 검정색이며 짐승으로는 거북이요, 곰이 된다. 근본적으로는 신 상징인데 지금도 일본말에서는 신을 가미로 부른다.

단군 신화에서 곰은 조상신-어머니 신이었으니 행여 곰과 어머니는 같은 말이 아닐까를 생각하게 된다. ≪람스테트(1939)≫에서는 알타이 친족어 사이에서 ㄱ-ㅎ-ㅇ과 같이 소리가 약해져 탈락하는 현상을 살핀 일이 있다. 이들 현상은 '곰(고마)'에서도 예외는 아니다. 최세진의 ≪사성통해≫에서도 그런 가능성을 풀이하고 있다(ㄱ → ㅎ(曉)).

(ㄱ의 약화 탈락)
곰(검·굼·금·감)-홈(험·훔·흠)-옴(엄·움·음)/오미(홈이)
허물(험을) 홈·어머니(전역) 엄니(경남·전남) 어무이(경상) 엄마
(강원·경기) 어머이(횡성·원주·평창) 옴마(칠곡·달성·대구)오
매(김천·진안·정읍) [어머니·구멍]
곰추골 -홈추골- 옴추골(태백산)/곰 패다-홈 패다-옴 패다

오늘날 어머니의 옛말은 조상신을 가리키는 고마에서 비롯했음
을 알 수 있다. 구물구물-후물후물-우물우물·곰패다-홈패다-
옴패다·곰취골-홈취골-옴취골(태백)에서와 같이 기역의 소리가
약해지면서 고마(곰)이 어머니(엄마)로 된 것임을 상정할 수 있다.
금(곰-검-감-굼)의 북쪽 상징은 금호강이나 금강의 보기가 그
러하다. 금호강은 대구의 북서쪽을, 금강은 공주의 북서쪽을 감아
돌아 흐른다. 별의 경우는 어떠한가. 북두칠성이 현무로 드러난
다. 이는 큰곰자리, 작은곰자리의 별과 걸림을 보인다.


□ 고모령과 곰

어머님의 손을 놓고 돌아설 때엔
부엉새도 울었다오 나도 울었소
가랑잎이 휘날리는 산마루턱을
넘어오던 그날 밤이 그리웁고나
맨드라미 피고 지는

물방앗간 뒷전에서 맺은 사랑아
어이해서 못 잊느냐 망향초 신세
비 나리는 고모령을 언제 넘느냐
　　　　　　－비 내리는 고모령

　광복 후에 현인이 부른 노래다. 중국에서 노래 공부를 하다가 광복과 더불어 귀국하였다. 비록 광복된 조국에 돌아왔으나 또 다른 목적과 일터를 찾아 고향을 떠나는 젊은이의 쓰라린 심사가 노래 속에 흠씬 배어 있다.

　어머니와 이별하는 절절한 마음이 살아 있다. 경상도 억양과 발음이 다소 뒤섞인 가수의 남 다른 노래의 분위기가 노래 말과 어우러지고 있다. 한국전쟁의 소용돌이 속에서 고향을 등지고 월남한 실향민들에게 이 노래는 여전히 눈물어린 사모곡으로서 사랑을 받고 있다.

　고모령(顧母嶺)은 대구 남쪽의 작은 기차역이었다. 금호강가에 영남루가 서있고 파크 호텔의 남쪽 고모역으로 넘어가는 언덕길이 바로 고모령이다. 그 높이라야 30미터 정도다. 고모령 노래의 알맹이가 되는 부분은 어머니에 대한 그리움과 고향을 떠나갈 수밖에 없는 사람들의 애끓는 마음이다. 여기 고모령도 공(公)의 또 다른 변형이다. 고모(顧母/古毛)는 고마(곰)의 변이표기로 보면 된다. 의미가 부여되는 과정에서 부모를 돌보라는 점을 강조한 교훈을 더 보탠 것이다.

어머니-곰으로 이어지는 곰 신앙의 상징적인 가능성을 엿볼 수가 있다. 바탕 뜻으로 보아도 멀지는 않다. 금호-공산-고모-지모신의 걸림이 드러나는 같은 계열의 땅이름들이다. 땅과 물을 터삼지 않고 살아 갈 사람이 누구일까. 참다운 생명의 어머니는 우리의 강이요, 산이다.

가장 설득력 있는 고장으로는 공주를 들 수 있을 것이다. 본디는 곰주였는데 곰과 골 주(州)의 골이 곰과 합하여 소리가 날 때, 곰골-공골로 쓰이던 이름이 -골의 한자인 주를 중심으로 하고 곰은 바뀐 소리로 공-으로 적어 굳어진 것으로 보인다.

문화 상징의 바뀜을 전제로 하는 곰 신 즉 물과 땅 신, 특히 물신을 종교적으로 승화되어 옮겨 간 것이 용 계열의 분포가 아닌가 한다. 《훈몽자회》에서 용의 뜻이 미르 즉 물임을 고려하면 물을 다스리는 상상 속의 절대자로서 용은 숭배되었던 것이다. 불교와 유교가 한반도에 들어오면서 그 수호신인 용이 거북과 함께 들림을 받게 되었을 것이다.

> 금강이 감도는 벌 연천봉은 머릴 들고
> 녹두꽃이 떨어진다 파랑새야 앉지 마라
> 우금치 고개머리에 홀로 섰는 장승이여

## 6. 곰나루와 공주

공주에 웅진과 용당이라는 마을이 있다. 공주는 본래 웅천이었는데 백제가 이곳으로 도읍을 옮긴 뒤에는 웅진이라 하였고, 백제가 없어지고 난 뒤 당나라는 이곳에 웅진도독부를 둔다.

신라가 당을 몰아낸 뒤 웅천주로 고친다. 경덕왕 16년(757)에 웅주라고 하였으며 고려 태조 때 공주로 고쳤다. 평소 군비를 게을리 하였던 백제 개로왕이 군사 3만 명을 이끌고 475년 9월 오늘의 서울인 한성을 공격한 고구려 장수왕한테 죽게 되자, 그의 아들 문주왕은 즉위하면서 바로 서울을 오늘의 공주인 웅진으로 옮긴다.

성왕이 다시 서울을 오늘의 부여인 소부리로 옮길 때까지 웅진은 63년간 백제의 수도였다. 웅진은 그 후 백제 마지막 임금인 의자왕이 수도인 부여를 버리고 이곳에 있다가 마침내 망하고 만 사연 깊은 고장이다.

여기 소부리를 서라벌과 같이 풀이하기도 하며 왼 쪽에 도읍을 한 남부여라고 풀이하기도 한다. 부여는 기원적으로 우리 옛 겨레들의 이름 가운데 하나인 부리아트 족에서 부리아트(bryat)의 소리가 바뀌어 그렇게 부여로 굳어진 것으로 보인다. 백제는 북에서부터 내려 온 겨레들이 원주민을 정복하고 세운 나라다.

웅진이라는 이름은 금강 가에 있는 나루터인 고마 나루를 한자로 웅진이라 적은 것에서 비롯한다. 구마나리, 고미나루 등의 어원도 여기서 비롯된 것이다.

이 곰나루에는 앞서 살펴본 바와 같은 암곰과 어부의 전설이 전해 온다. 1972년 이 나루에서 돌로 새긴 곰상을 발견하고 그 자리에 곰 사당인 웅신단을 지어 모시고 있다.

고려 초부터 부르기 시작한 공주라는 이름은, 김정호 선생의 풀이처럼 공주의 울타리산인 공산이 공(公)과 같이 생겼기 때문이라고도 하고, 곰골이 공골로 소리 남을 한자로 적는 과정에서 공주로 하였다. 공자처럼 생긴 산이 공산뿐이겠는가. 산이란 봉우리가 있으면 산의 글자 모양으로 이루니 대개가 공자형으로 보이기 십상이다.

## ❑ 돌곰과 곰 사당

돌곰상

1972년 무렵 웅진동 곰 사당 자리에서 돌곰이 발견되었다. 무령왕릉 맞은편 남쪽 언덕의 비탈에서 발견된 것인데 공주 박물관에 보관하게 된 것이다. 돌곰의 각 부위가 심하게 이지러진 편이어서 선명하지 않은데 처음부터 강한 선으로 조각

했던 것은 아닌 것 같다.

목을 움츠리고 머리를 약간 위로 향하였는데 언제나 입은 다물고 양쪽 눈은 뜨고 있으며 양쪽 귀는 뒤로 붙어 있다. 곰 신은 잠을 이루지 못하는 무슨 고뇌가 있는 것일까.

앞다리를 세우고 뒷다리는 구부려서 앉아 있는데 발톱 등의 조각은 선명하지 않다. 돌 자체에서 오는 인상도 있지만 오래된 탓인지 한번 보기로는 짐승임은 분명하나 곰이라는 느낌은 쉽게 오지 않는다.

곰나루와 가까운 이 지역을 예로부터 곰과 관련된 지명이나 전설이 많이 남아 있고 오늘날에 이르러서도 곰이 공주의 상징 동물로서 사람들의 마음속에 그렇게 자리매김 되고 있다.

이 돌곰이 나온 곳이 바로 웅진동의 곰 사당 자리인 것으로 보아 이 돌곰을 사당에 모셔 제사를 드려왔던 것이다.

곰 사당 오른쪽으로 곰같이 생긴 돌을 다듬어 비를 세웠는데 암곰의 슬픈 사연을 잔잔히 글을 지어 새겨 넣은 비문을 옮겨 적어 본다.

> 금강의 물이 남동 편으로 휘돌고
> 여미산 올려다 뵈는 한갓진 나루터
> 공주의 옛 사연 자욱하게 서린 곳
> 입에서 입으로 그냥 전하여온

애틋한 이야기
아득한 옛날 한 남자
큰 암곰에게 붙들리어
어느덧 애기까지 얻게 된다.
허나 남자는 강을 건너버리고
하늘이 무너져 내린 암곰
자식과 함께 강물에 몸을 던진다.
여긴 물살의 흐름이 달라지는 곳이어서
배는 자주 엎어지곤 하였다.
곰의 원혼 탓일까 하고
사람들은 해마다 정성을 드렸는데
그 연원 멀리 백제에까지 걸친다.
공주의 옛 이름 웅진. 고마 나루
그 이름 여기에 아직 있어
백제 때 숨결을 남기고 있다.

여기 여미산의 여미는 어미를 비슷한 한자의 소리를 들어 적은 것으로 본다. 어미 곰이 새끼 곰을 데리고 강물에 몸을 던져 그 애절한 마음을 세월 속에 새긴 것이다. 기원적으로 곰강은 어미 강이며 삶의 모꼬지가 되나니 어찌 강물의 마음을 헤아리지 않으리오.

# 7. 백제는 맥제

겨레가 있는 곳에 그 겨레의 언어가 있다. 언어의 역사는 민족과 흥망을 함께 한다. 언어는 사회와 역사를 투영하는 음성상징의 문화기호로 볼 수 있다. 따라서 언어의 속내에는 상당한 문화정보가 깃들일 가능성이 있다.

백제는 비류와 온조로 이어지는 건국시조의 혈통이나 백제를 세운 북악 혹은 백악을 중심으로 하여 맥국의 서울인 우수주 곧 춘천을 포괄한다. 백제 초기의 지명을 보거나 또 백제의 백(百)이 겹소리로 추정되는바, 백이나 맥이 같은 글자이면서도 서로 소리가 다른 점을 고려할 때, 백제는 맥족이 세운 나라이며 백제는 맥제(貊濟)로 읽을 수 있다.

단적으로 맥족의 맥은 곰을 뜻하는바, 곰을 조상신으로 숭배하는 겨레들이 세운 나라가 맥제다. 왕검조선이나 기자조선 혹은 위만조선과 같이 혹은 예맥이나 부여에서처럼 나라를 세운 민족이나 사람의 이름으로 국명을 가름하는 경우는 왕왕 있어 왔다. 백제의 경우도 예외는 아니라고 보며 맥족이 세운 나라라는 기원적인 의미를 바탕으로 한 것이다.

일본측 자료에서 맥을 포함한 고대 한국을 통틀어 고마(koma)로 읽음을 고려할 때, 맥은 곧 곰을 뜻한다고 볼 수 있다. 여기서 백제 곧 맥제는 왕검조선으로 이어지는 곰 제의 문화를 기층으로 하는 겨레가 건국한 문화적인 기초를 엿볼 수 있다.

이를 살펴보기 위한 전제로서 백제 초기의 지역은 물론 맥에서 개칭 국명으로 읽은 백계와 웅계의 지명과 이와 관련한 땅이름을 알아보도록 한다.

먼저 백제의 어원에 대한 앞선 주장들을 살펴보고 이어 백제에 대한 형태를 분석하여 백-맥의 대응 가능성을 논의한 뒤 맥에서 갈라져 쓰이는 지명을 통한 땅이름의 보기를 검증함으로써 백제의 기원적인 의미가 맥임을 밝혀 보도록 한다.


❑ **백제의 어원**

지금까지의 백제 어원에 대한 풀이는 여러 가지의 주장들이 있어 왔다. 이제까지의 백제의 어원 풀이에 대한 연구를 간추리면 다음과 같다.

> (가) 온조는 하남위례성에 도읍을 하였다. 열 신하가 도움을 주어 국호를 이렇게 정하였다. (중략)백성들이 위례에 속하게 된 뒤 기꺼이 따랐으므로 나라 이름을 백제라 하였다. 대대로 임금의 후손은 본디 고구려로 부여에서 나왔다. 그리하여 부여를 성씨로 삼았다.(溫祚都河南慰禮城以十臣爲輔翼國號是(중략)其臣民皆歸於慰禮後以來時百姓樂從改號百濟其世孫本高句麗同出扶餘故以扶餘爲氏(삼국사기)/初以百家濟海因號百濟 (〈수서동이전〉)

(나) 백제를 붉잣-붉재라 하여 광명성(光明城), 국원성(國原城), 부여성(夫餘城)으로 보았고, 마한 54국 중에서 백제(伯濟)가 그것이요(《삼국지위지동이전》), 위례성은 볼잣-볽잣-올잣의 음전에 의한 우리잣이다. 제(濟_의 고음은 지, 제가 성의 뜻임은 앞에서 든 유사의 백제성, 잡간(匝干)을 제한지(齊旱支)라 한 것으로 알 수 있다. 백제성은 백제(성)의 의이니 제(濟)는 잣(재)의 차자로 성은 주기로서의 표기다. (중략) 십제(十濟)란 이름은 온조의 첫 도읍지 위례성(올잣.우리재)의 올/우리가 열로 와전된 것을 후세 백제와 대칭하여 십제라 한 것이다. (양주동 1972:570-571)

(다) 백제를 온조와 함께 ənċə의 표기로 보고서 그 뜻을 넓다(廣/寬)로 풀이할 수 있다고 하였다. 본디의 의미는 선봉·지도자를 의미하는 고유명사라고 하였다. (박은용 1972:219-238)

(라) 온조를 시조 개인의 왕호로 보지 말고 온조=백제와 같이 대응시킬 때 온=백(祚≒濟)이 성립함으로써 백(百)의 석 *on을 생각할 수 있다. 만일 은조(殷祚)가 온조의 다른 표기라면 이것들은 음독이 가능하며 백의 석과 정확히 일치한다. 중세국어의 온(百日溫 ≪계림유사≫)과도 일치를 보인다. 결국 백제는 우리말 수사 온(百)의 소리와 뜻을 빌어 적은 표기일 수 있다. (도수희 1977:61/1992)

(마) 고대 국어에서 「온-」의 종성이 외파음이므로 *ɔnə였다고 추측된다. 성의 뜻으로 쓰인 제가 있는데 ≪行用吏文≫에 「在 : 城日재」로 보아 백제는 「ɔnə-cai ⇒ ɔnə-sai」로 n이 모음 사이에서 r로 변동한 *ɔrə-sai로 추정한다./ jərə(十濟)-ərəsai(百濟)-ərəsai(慰禮城) (이병선 1988:199-200)

(바) ≪계림유사≫에서도 百日溫이었으며 중세어에서도 온으로

표기되었다. 백의 온[un] 역시 고대인의 수 관념과 관련하여 十과 마찬가지로 '많은 수' 곧 '온'이란 뜻으로 쓰인 것으로 보인다. (천소영 1990:40)

(사) 토이기어 [on]은 열을 뜻한다. 십제(十濟)의 앞부분만을 풀이하여 읽고 아래 부분을 그대로 읽으면 [once]가 된다. 위례성(慰禮城)의 위례는 열을 뜻하는 말로 현대어 열과 유사한 음의 표기라고 본다. 성(城)은 잣. 제와 [ki]가 있어 濟와 통한다. 중세국어로 [on]은 백을 뜻한다. 이는 백제가 [once]의 석차임을 말한다. 따라서 십제(十濟)=백제(百濟)=백제(伯濟)=위례성(慰禮城)의 등식을 얻고 이들이 건국자 온조의 이표기임을 알 수 있다. (강헌규 1988:39)

(아) ≪삼국사기≫ 백제본기의 십-백의 어원도 믿을 게 못된다. 십제·백제·온조는 모두 onje(高氏 〈몽고문어〉)로 읽어야 할 것이다. 십제는 후기 신라의 지배층이 터키어를 썼던 만큼 백제인들이 왕을 onje라 하므로 자기들이 쓰는 말로 십을 on〈turk〉이라 하니 십과 제를 붙여 십제onje라 했고 백제는 지배층이 몽고어를 썼으니 jaɣun(百〈mong〉)에 비교 될 수 있는 on(百훈독)에 je(濟음독)를 부가하여 백제onje라고 표기했던 것으로 추측된다. (강길운 1980)

(자) 일본측 사료에서 백제를 구다라라고 그 소리를 표기하여 백제의 나라 이름을 소리로 전하고 있다. 백제의 초기 이름이 위례성임을 고려하여 위례성=위례국=십제=구다라로 보고 구다라로 읽어야 함을 논의하였으며, 이를 다시 다래재로 보고 십제를 덕재-닷재(다래재)로 보아 다래재의 변이형으로 상정한 바 있다. 아울러 백제와 부여를 같은 말이면서 서로 표기만 다른 이형태로 보아 부리(夫里)에서 갈라져 나온 부여와 빗재(百濟)로 상정하였다. (권재선 1997:370)

≪삼국사기≫를 비롯한 사료에서 백가제해 혹은 백성낙종이라 하여 이 말의 줄임말 정도로 백제의 어원을 풀이하였던 것으로 보인다. 이는 분명 뒤에 후세 사가들이 의미부여의 과정을 거치면서 만들어진 것으로 보인다.

이는 마치 신라를 한 번에 세상을 새롭게 했다는 일신망라의 줄임말로 보는 견해와 그 궤를 같이 한다고 볼 수 있다. ≪삼국사기≫를 지은 김부식의 자의적인 해석은 아니었던가. 얼른 보기로는 그럴듯함이 있어 보이지만 한자가 들어오기 이전부터 쓰이던 이름이나 혹은 부족의 이름을 나라의 이름으로 하는 경우가 왕왕 있음을 고려할 때 결코 그렇지 아니하다고 생각한다.

이제까지의 논의에서는 백제-십제-위례-온조의 대응에서 한자의 소리 빌림과 뜻 빌림을 중심으로 하여 풀이하였다. 본 논의에서는 백제를 세운 온조의 계통과 고조선의 민족구성을 중심으로 한 역사와 문화 담당층의 겨레를 주목하고자 한다.

아울러 이를 드러낼 수 있는 문화기호로서 백제로 보고 백제를 맥제로 읽어 백제는 맥족이 세운 나라이고 이는 고구려의 계통을 이은 나라다. 이를 뒷받침하기 위한 틀로서 백제의 형태분석과 맥-웅-곰으로 이어지는 지명의 계열성을 확인하여 나아가기로 한다.

하나의 한자가 두 개 이상의 소리로 나는 일이 있는데 이를 겹

소리라 한다. 백제의 백을 백·맥으로 읽고 백제를 세운 지역의
기층 세력이나 혈통, 백제의 한자음으로 보아 백제를 음독할 경
우, 맥제(貊濟)로 볼 수 있다. 맥제의 맥은 자원으로 보아 곰의 다
른 이름이다. 맥제를 나라 이름으로 정할 때 굳어진 형태로 백제
가 된 것으로 보인다. 백제의 형태를 분석하면 다음과 같다.

  * 백제(百濟)- 百＋濟
  * 百-백[pæk]/맥[mæk]-行杖道驅人五百(≪대한한사전≫)[mai
    〈china〉] [mp]＞[m]/[p](복성모의 분화)) 맥貊(=貊:陌)＞百/白
    // 大丘＞大邱. 加害＞嘉善＞加恩. 坡害平吏＞坡平(貊=貊=(≪대
    한한사전≫/≪일본서기≫))//句驪＞句麗
  * 제濟-재在 : 城曰在(城/只)
  * 백제(百濟)-맥제(貊濟)(맥족貊族의 나라)

  먼저 백제의 형태 분석에서 보기에서와 같이 백제⇒백＋제를
기본으로 본다. 여기서 복성모 이론을 고려하면 백(百)⇒백-맥
과 같이 두 가지의 소리가 있음을 주목한다. 복성모 이론에 따르
면 이러한 소리들은 본디 한 때 ㅁ-ㅂ을 공유하고 있었는데 뒤로
오면서 분화의 과정을 거쳐 독립된 소리로 굳어져 쓰이게 된 것으
로 풀이하게 된다.
  그런데 위의 보기에서와 같이 맥이 다른 두 가지의 표기를 갖는
다는 점에 주목할 필요가 있다. 곧 맥(貊/貊)으로 표기된다는 점이

다. 여기서 다시 원편의 갖은 돼지 시(豕)를 제외하면 오늘날 우리가 알고 있는 백제의 백이 나온다. 이와 같이 짐승을 가리키는 글자에서 보다 나은 뜻을 지니고 있으면서도 본래의 의미를 드러낼 수 있는 글자로 바뀌는 경우는 그리 낯선 경우는 아니다. 이렇게 좋은 의미의 글자를 일러 가호자(佳好字)라 한다.

이러한 보기들은 가은−대구−파평의 경우에서도 볼 수 있었다. ≪후한서≫나 ≪삼국지≫ 같은 자료를 보면 고구려를 구려(句驪)로 적고 있다. 이는 다시 구려(句麗)와 같이 적어서 같은 글자이면서도 말마(馬)를 뺌으로써 좋은 뜻의 글자로 쓰고 있음은 상당한 암시를 던져 주고 있다.

보기에서와 같이 백제의 제가 성을 뜻하는 말로서 성읍 국가의 의미를 드러낼 것으로 상정할 수 있다. 이르자면 산성의 형태를 이루는 수가 많고 더러는 언덕이나 평지에 성을 쌓아 왕의 거처로 삼는 일이 많이 있었음은 고대 국가의 공통점이라고 할 수 있다.

그러니 백제는 곧 맥족이 세운 나라라고 상정할 수 있다. 흔히 나라의 이름은 왕검조선이나 예맥에서처럼 겨레의 이름이 곧 나라의 이름으로 쓰이는 경우가 있음을 본다면 백제는 곧 맥제라는 가능성이 있지 않나 한다.

그럼 맥의 본질이 무엇인가. 이는 북부 조선의 모든 나라를 일컬었던 곰과는 어떠한 관계가 있는지에 대하여 살펴보도록 한다.

맥은 쇠를 먹고 곰과 아주 비슷하다. 맥(貘)은 달리 맥(貊)이라고
도 적는다. 그 가죽은 앉는 방석이나 이부자리의 거리로 쓰고 능
히 외풍을 막을 수 있다. 곽박이 이르기를 곰과 비슷하며 머리는
작고 다리는 비교적 낮다. 흑백이 얼룩져 있다. (중략)털은 길지
않고 윤이 나며 능히 쇠나 뼈나 뱀류를 잘 먹는다. 뼈마디가 아주
강하다.

(貊-食鐵似熊夷貘亦作貊釋名時珍日按陸佃云皮爲坐毯臥褥能消膜外
之氣(중략)郭璞云似熊而頭小脚卑黑白駁文(중략)毛淺而光澤能舐食
銅鐵及竹骨蛇虺其骨節强直中實小髓《본초강목》)//貊-豸(豸)/(意符)
+百(白/(聲符)) : 貊音陌(*陌上桑人)//貊 : 食鐵似熊夷 매기맥(*매기
=貊耳 : 숫돼지와 암소의 트기) 大韓古國名 나라 이름 맥 蠻貊오랑캐
맥 (《대한한사전》)

《본초강목》에서 맥이란 쇠를 먹으며 곰과 비슷한 짐승이다.
또한 맥(貘)이라고도 한다. 맥은 곰과 같으며 누른빛을 한 곰이라
하였으니 앞의 맥이나 크게는 같음을 알겠다. 여기서 우리가 눈여
겨보아야 할 것은, 맥이 쇠를 먹는다고 한 것인데 하나의 종족으
로서 맥족은 철기문화를 누렸던 겨레임을 알 수 있다.

그러니까 맥족의 특징 가운데 하나가 바로 철기 문화를 가지고
강력한 국방력과 생산력을 갖춘 겨레라는 사실이다. 맥(貊)의 글
자 구성을 보면 맥/백의 복성모를 갖고 있음을 단적으로 드러낸

다. 맥에서 갖은 돼지 시(豕)는 뜻이요, 백(百/白)은 소리를 드러
내는 부분이다. 백을 맥이라 읽은 까닭은 백(百)의 본디 소리가
'맥'일 가능성이 높기 때문이다.

맥은 다시 외양으로 보아 수놈 돼지와 암소의 트기와 같은 짐승
으로 인식되었다. 한자로는 맥이(貊耳)-매기라 적는다. 위의 보기
에서 가장 주목에 값하는 것은 한반도의 옛 이름을 통틀어 맥이라
고 하였다는 점인데 중국인들에게는 모두가 오랑캐 정도의 존재
로밖에는 보이지를 않았던 것이다.

뒤에 짐승이름을 드러내는 글자를 피하여 적되 같은 뜻을 살려
서 썼는데 '맥'을 '백'으로만 읽었으니 그 본질을 뛰어넘어 버렸
다. 잠시 ≪후한서≫와 ≪삼국지≫의 기록을 떠 올려 보도록 한다.
구려(句驪)는 일명 맥이라 한다. 특별한 종류가 있는데 작은 시냇
가에 사는 것은 소수맥이라 하고 활쏘기를 좋아하고 이른바 맥궁
이 여기서 나온 말이다. 사람들은 기상이 좋고 싸움을 잘해 옥저
나 동예는 모두 이에 속한다.

句驪一名貊耳有別種依小水爲居因名曰小水貊出好弓所謂貊弓是也(후
한서)/國人有氣力習戰鬪沃沮東濊皆屬焉又有小水貊句麗作國依大水
而居西安平縣北有小水南流入海句麗別種依小水作國因名之爲小水貊
(≪삼국지고구려전≫)./驪江(구려-맥이⊃소수맥/구마(句馬)+려(麗)-
고마의 나라)

구려는 고구려를 이르는 것으로 맥이라고 적는다. 다소 다른 종류가 있는데 소수맥과 대수맥이 그것이다. 흔히 맥궁이라 하여 좋은 활이 나는 곳이 소수맥들이 사는 곳이라 하였으며 싸움에 익숙하여 옥저와 동예는 다 이들 족속에 든다. 고구려의 구려도 구려(句驪)에서 글자를 고쳐 쓴 것으로 보인다. 맥과 곰은 비슷한 짐승이라고 하였다.

웅熊hsiung(복성모) 似豕山居冬蟄/ 熊旗(주례)// 맥. 웅을 신성시하려는 토템에서 비롯되었다. (이병도 1972 한국사대관 10쪽) 북위 40도 이북의 지구 북반구에 널리 분포된 토템.

도유호는 중국어로 예맥을 호이모로 읽음에 착안하여 퉁구스어의 호모뜨이(곰)와의 상관성을 논의하였다(유엠부찐1990고조선). homottiri(곰)-homokkor(조상신)-homogen(영혼)〈에벵키〉고마敬고마虔고마欽〈신증유합 하〉그 고마ᄒ시던바를 恭敬ᄒ며(敬其所尊)(내훈1:37)//곰숭배는 샤만과 더불어 고아시아족의 특징이다.

고아시아 족은 곰을 신화상의 첫 번째 인간으로 다루며 그들의 조상으로 숭배한다.(Maringer(1960)The gods of prehistoric man, p.137). 아무르Amur강 지역에서 첫번째를 점하는 게 곰숭배이고 길리약Gilyaks들은 나무로 곰 우상을 만들었다.(중략) 바지카Bazikkha 출토의 곰상이 핀란드와 비슷하다(Okladnikov1950). 한반도의 신석기시대의 주민은 이른바 옛 아시아 족으로 밝혀졌다. (김정배 《고조선사》, 1995, 25쪽 참조)

옛날 맥과 웅이란 깃발이 있을 정도로 곰을 신성시하였는데 이러한 신앙의 흔적은 북위 40도 이북의 지역에서 사는 고아시아족의 토템에서 비롯한 것으로 풀이되고 있다. 유엠부쩐은 예맥을 중국어로 호이모라 읽음에 착안하여 퉁구스말로 곰을 호모뜨이라 함과 일맥상통하는 것으로 보았다.

호모뜨이의 반사형으로 보아 호모-고모-오모를 들 수 있으니 우리말에서 고맙다의 '고마'나 어머니의 '어머'나 크게 다를 바가 없다.

예(濊)의 한자음 가운데 활이 있음은 상당한 시사를 준다. 활은 중국음에서 끝소리가 소리 나지 않기 때문에 화로 난다. 이를 호이모와 비교하여 보면, 화는 다시 복모음이니까 호아-호이의 유사한 소리임을 알기에 어렵지 아니하다. 동시에 호이모의 모는 예맥의 맥이 모로 소리남을 보면 만주어의 호모와 같은 계통임을 알수가 있다.

홍안령 부근에 사는 어원카 족이나 어룬춘 족들은 아직도 곰 제의 문화를 바탕으로 하고 있음이 손명희(1994)에서 밝혀진 바가있다. 아무르강의 시츄섬에 사는 고아시아족들의 돌곰이나 나무곰상을 숭배하는 일이 조금도 이상할 것이 없다.

나라 세움의 머리인 단군이 웅녀 곧 곰녀의 아들로 결국 인간의 조상을 곰으로 상정하는 신화체계를 보이고 있다. ≪삼국사기≫의

해모수 신화를 보면 유화와 웅신산에서 만나서 사랑을 나누고 회임을 하게 된다.

웅녀는 더불어 혼인할 이가 없었다. 그래서 늘 신단수 나무 아래 가서 아이 갖기를 기원하였다. 환웅은 짐짓 사람으로 화하여 웅녀와 혼인을 하여 아이를 낳으니 이름을 단군왕검이라 하였다.(熊女者無與爲婚故每於壇樹下呪願有孕雄乃假化而婚之孕生子號曰壇君王儉)(≪삼국유사≫ 권제1) 이 때 태백산 남쪽 기슭 우발수가에 문득 한 여인이 있어 물으니 답하였다. 나는 본시 하백의 딸 유화인데 여러 동생들과 함께 나가 놀다가 한 남자가 있어 말하기를, "나는 하느님의 아들 해모수다." 이윽고 나를 웅신산 아래 압록강가의 어느 곳에서 서로 정을 통하게 되었는데 이후로는 다시 돌아오지 아니하였다(于時得一女子於太伯山南優渤水問之云我是河伯之女名柳花與諸弟出遊時有一男子自言天帝子解慕漱誘我於熊神山下鴨淥邊室中知(私)之而往不返)(≪삼국유사≫ 권1, 기이2)./ 太白山-熊心山 (≪삼국사기≫ 권13) (壇君王儉의 祖上-熊女/桓雄)/ 熊神山(熊心山)-太白山(=白頭山)

웅신산은 곧 백두산으로 ≪삼국유사≫의 태백산이니 오늘날의 백두산도 따지고 보면 곰메와 다르지 아니하다. 지금도 경남 진해에 가면 곰메 한자로 웅산이 있으며 웅신당이 있다. 이곳에 와서 조선왕조 고종의 왕비였던 명성황후가 아들의 무병장수를 빌었다는 전설이 있다.
곰 웅의 한자음도 고대 어느 시기의 소리인 복성모 ㅎ-ㅅ에서

분화하여 생겨난 것으로 보인다. ㅎ계열의 소리로 분화하였을 경
우를 상정하면 시옹-히옹-이옹-융-웅으로 변천하여 오늘의 소
리로 굳어진 것으로 유추할 수 있다.

ㅅ-계열의 분포는 확인되지 아니하지만 ㅎ-ㅅ 소리가 모두가
마찰음으로서 하나는 성문마찰이고 다른 하나는 치조 마찰이 다
를 뿐이다. 이 두 소리가 약화되는 과정이라면 다 같이 소리가 없
이 발음되지 않는다.

곰 숭배와 관련한 지명이나 나라이름 가운데 가장 결정적인 것
이 맥국과 맥제(百濟)라고 본다면 과연 설득력이 없을까. 앞에서
도 일렀지만 고구려를 포함한 고대의 한반도의 나라 이름을 일본
측 사료에서는 모두가 고마로 읽고 있음은 아주 흥미로운 경우라
고 할 것이다.

(고려)高麗・句驪(句馬kuma)・高句麗・貊(貊)・貊耳・濊貊
(koma〈일본〉)/熊(kuma〈일본〉)kvmv]//こまいね(貊犬)こまちかざ
ね(貊近眞)こま(高麗/貊) : 고대 조선반도의 북부에 있던 나라 이름.
高句麗. こうらい. (時枝誠記≪國語大辭典≫)//駕洛＞加馬羅＞甘羅

고구려를 더러는 고려 혹은 구려, 일반적으로는 고구려라고 하
지만 일본에서는 거의 고마로 적고 있다. 맥이나 맥이 혹은 예맥
까지도 고마의 범주에 넣어 일컬었던 점을 눈여겨 보아야 한다.

그럼 정작 곰을 구마로 읽는 일본말의 경우는 왜 그러한가.

음절구조로 볼 때 모음표기만 다를 뿐 기본적인 의미소는 같다. 보다 믿음이 가는 풀이는 고마를 고대 조선 반도의 북부에 있던 나라 이름을 통틀어 부른다는 점이다.

좀 더 풀이해 두어야 할 것은 구려(句驪)와 구마의 관계라고 할 것이다. 구려의 려(驪)의 글자를 나누어 구(句)와 함께 읽으면 구마(句馬)가 됨을 알 수 있게 된다. 이러한 보기들은 가락(駕洛)을 가마라(加馬洛)이라 읽는 경우와 크게 다르지 않다. 관점을 달리 하여 백제의 기원을 몽골말의 부리아트 말에서 찾는 경우도 있다.

> 몽골족의 동 부리아트Buriat 방언에 코리qori(xori) 방언과 구다라 qudara(xudara) 방언, 발구진barguzin 방언이 있다. 고구려의 전차 단계를 이르는 부여(扶餘)도 buryat > burya > buya에서 기원한 것이고, qori는 槀離/句麗(고구려의 이칭)/qudara(백제)/kokulu(孤竹 고구려) (야촌정랑(野村正郎), ≪세계언어개설 하≫, 몽골어, 544쪽)

같은 형태라도 공간이나 시간이 달라짐에 따라서 문화정보가 바뀐다. 백제의 백(百)은 본디 기원적인 의미가 맥(貊) 곧 곰과 대동소이한 족속의 상징이었는데 뒤로 오면서 중국이 주위의 족속을 야만시하여 통칭하여 부르던 글자를 손질하여 백(百·白)으로 굳혀졌다고 상정할 수 있다.

여기 흰 백(白)에다 태양숭배를 바탕으로 하는 밝 사상을 투사하기에 이르렀다.

백과 맥이 한 뿌리라 가지만 다른 것을
쇠를 먹고 힘을 쓰던 하늘의 겨레로다
고마님 머리를 들어 하늘땅에 큰 소원을

# 제4장

# 어머니와 땅

어머니가 아이를 낳듯이 땅은 우리들에게 그지없는 먹거리와 입을 거리를 준다. 땅은 우리들의 영원한 고향이요, 삶의 보금자리다. 우리가 살고 있는 땅을 어머니와 같이 생각하여 믿고 바라는 것이 이른바 지모신(地母神) 믿음이다. 이후 모신이라 한다. 대지는 아낌없이 주는 그런 어머니의 마음으로 지닌 것 모두를 우리에게 베풀고 다시 그의 품으로 안아준다(그렇고말고).

단군신화에서 곰이 단군의 어머니였고 그가 태어난 곳이 곰의 태반이자 동굴 상징으로 이해할 수 있을 듯하다. 곰은 곧 단군의 어머니이자 조상신이었다. 이것이 다름 아닌 곰 신 토템의 자리매김이다.

짐승을 사냥하여 살아가던 수렵문화에서 논과 밭을 갈아 먹고 사는 생활로 뿌리 내리는 길목에서 땅과 물이란 가장 소중한 것이고 나아가 숭배해야 할 대상이었다. 땅과 물의 신이 있다고 믿는 사람들에겐 반드시 거쳐야 할 통과의례가 되지 않겠는가.

우리 겨레뿐 아니라 다른 겨레에서도 마찬가지이다. 인도에서도 신석기 시대로 접어들면서부터 사람들은 땅을 어머니로 섬기기 시작하였으니, 인더스 강에서부터의 일이다. 인더스 문명은, 기원 전 2500

인더스의 카페

년 무렵부터 1500년 무렵까지 인더스강 유역 인도의 서북부에서 크게 발달한 청동기 문명으로 세계의 4대 문명 가운데 하나였다.

이집트의 나일강이나 유프라테스강과 티그리스강 사이의 메소포타미아, 황하 문명은 그것이 발생한 이후 역사에서 사라지지 않고 그 뒤 문명으로 계속해서 이어졌지만 인더스 문명은 언젠가 자취도 없이 역사의 뒤안길로 사라져 버렸다. 이집트 나일강의 오시리스와 이시스의 신화에서와 같이 강은 재생이며 부활의 풋대였다.

미루어 보건대, 그 무렵이 기원전 1천 5백 년 때의 일이다. 1921년의 어느 날. 인도가 영국 제국주의의 식민 통치에 신음하고 있을 때, 통치자들은 지금의 파키스탄에 있는 라호르라는 곳과 물탄이라는 곳을 연결하는 철도를 만드느라고 겨를이 없었다.

그 때 인도 사람들이 공사 책임자들로부터 받은 벽돌을 뒤로 빼돌리고 대신 땅 속에서 나온 벽돌을 가져왔다. 가져 온 벽돌이 예사롭지 아니했다. 이런 사실을 알게 된 영국인들은 바로 모든 공사를 중지시키고 본국으로 곧장 전보를 쳤다.

이어 영국에서 고고학자 발굴대가 왔다. 그들이 발굴 공사를 시작한지 약 10년 만에 비로소 인더스 문명이 세계 4대 고대 문명 가운데 하나라는 것이 밝혀지게 되었다.

우리 같았으면 쉬쉬하고 바로 파묻어 버리지나 않았을까. 경주에선 이런 일이 한두 번이 아니었다. 인더스 강 유역에서 사람들은 처음으로 풍요로움을 만끽하고 살았다. 오랜 동안 떠돌이 생활을 하면서 추위와 굶주림으로부터의 괴로움 속에서 살아오지 않았던가.

그러다가 그들은 강가에 자리를 잡기 시작하였다. 그곳에서 최초의 문명을 꽃피웠다. 필요한 농기구를 만들고 나날이 농사짓는 슬기가 쌓였다. 먹거리는 남고 그 남는 것들은 서로 바꾸어 먹고 그 가운데 일부는 영주들에게 세금으로 바쳐야 했다.

지도자는 세금으로 군대와 행정을 조직하여 사람들의 생활을 보호하였다. 곳곳에 도시와 나라가 섰다. 그 안에서 개인의 재산이 보장되었다. 모헨조다로와 하라빠를 비롯한 많은 도시가 발달하였다. 도시들을 중심으로 메소포타미아 문명과 교역도 하였고 그 위에서 부와 가난의 틈새가 많이 벌어지게 되었다.

중이 고기 맛을 보면 절간에 빈대가 남지 않는다고, 사람들이 일단 도시의 풍요로움을 맛보면서 그들의 머리에는 온통 생산밖에 없었고 그들의 입으로는 생산을 찬양했으며 그들의 손발이 다 닳도록 생산을 위해 열심히 일했다.

그래도 먹거리의 넉넉한 생산을 위한 욕심이 차지 않자 그들은 생산의 신을 찾았다. 그 신에게 손이 발이 되고 발이 손이 되도록 빌고 빌었다.

그들은 무엇을 생산의 신으로 모셨을까. 단순하게 생각하면 답이 나온다. 흔히 종교는 자연을 두려워하고 숭배하는 마음에서 생긴다. 한편 그들은 생산이라는 기본 틀을 여성으로부터 찾았다.

그들이 바라는 생산은 땅에다 씨앗을 뿌리고 일정 기간이 지나면 이루어지는데 그와 똑같은 원리가 바로 여인의 뱃속에서 이루어지는 것이 아닌가.

바로 이러한 정황 속에서 그들은 여성을 생산의 보금자리로 보았고 그것이 땅인 어머니 신으로 형상화하였다. 어머니 신을 달리 지모신 혹은 대지모신이라 불러 왔다.

인더스 문명 유적지 곳곳에서 테라코타로 만든 수많은 여자의 작은 상이 발굴되었다. 그 대부분은 벌거벗은 몸이다. 혹은 여자의 성적 특징이 지나치게 강조되어 있다.

그것들을 보고 있노라면, 젖가슴이 저렇게 큰 여자가 있을까. 정말 엉덩이는 우리 어렸을 적 보았던 떡판만 하다. 옛 어른들이 보시면,

"고거, 애 쑥쑥 잘 낳게 생겼다."

하는 말이 저절로 나오겠다.

또 몇 몇 상들을 보면 특이한 머리 장식을 하고 있다. 마치 명성황후의 화관과도 같아 보인다.


## 1. 땅은 어머니

인더스 문명의 곳곳에서 나온 많은 유물들 가운데 인장이라는 것이 있다. 실(seal)이라면 어떨까. 손바닥만 한 크기의, 타일같이 네모지게 더러 어떤 것은 직사각형, 어떤 것은 정사각형 모양으로 생겼다.

안에는 많은 글자들과 그림들이 새겨져 있는데 글자는 해독이 안 돼 무슨 뜻인지 모르고, 그림들은 주로 괴상한 것들인데 대개의 뜻을 알아차릴 수가 있다.

발굴된 어느 직사각형의 인장에는 머리를 밑으로 하고 두 다리

를 거꾸로 들어 벌리고 있는 발가벗은 어떤 여인의 모습이 있다. 요즈음 포르노 같은 느낌마저 든다.

그런데 그 여자 양다리 사이 깊은 음부에서 어떤

샤깜바리

종류인지는 확연하지는 않으나 어떤 숲과 나무 같은 것들이 자라나는 모습이 새겨져 있다. 참으로 이상한 그림들이다. 모신의 본보기라 할 모습이다.

이는 마치 후대 힌두교에 나타나는 여신 샤깜바리의 원형을 바로 여기에서 찾아볼 수 있다. 샤깜바리는 자기 몸에서 식물들을 기르는 여신으로 힌두교의 전형적인 지모신이다.

어찌 생산하는 일이 여성만으로 될 수 있겠는가. 어디에서나 애 낳는 여자를 숭배하였다면 그것은 곧 도처에서 씨 뿌리는 남자를 숭배하였다는 말이 또한 성립하지 않겠는가.

사진을 한번 보노라면 건장한 남자의 모습도 볼 수 있다. 이른 바 토르소, 얼굴이 없는 몸통으로만 되어 있는 상이다. 그런데 이 남자를 보다 자세히 보면 재미있는 사실 하나를 알 수 있다.

비록 부러져서 원형을 알 길은 없지만, 그 길이와 둘레를 통해 짐작해 보건대 남자의 거북이가 아주 큰 사람이라는 것이다. 저렇게 큰 물건을 가진 사람이 실제로 있을까. 삼국유사에 나오는 지증왕의 물건도 아닌데.

모신 사상은 생명의 근원을 땅에 두며, 땅은 생명 탄생의 뿌리이다. 풍수설에서 혈로 나타내는 명당이 방위의 개념에서 이루어지는 것도 결국은 산, 그것은 우주산의 모양이며 모신이 지닌 생성력 곧 풍수설에서 말하는 생기를 가장 잘 드러내는 곳이다. 풍수 사상과 모신 사상은 인간이 어머니의 품으로 다시 돌아가는 모체 회귀의 논리라 할 수 있다.

단군신화는 우리 문화의 원형을 보여 주는 하나의 담론이다. ≪삼국유사≫에 실려 있는 단군신화는 천신인 하느님의 내려오심과 모신 신앙을 기초로 하고 있으며 천지인의 창조적인 관계를 보여 준다.

하느님은 고조선 사람들의 신앙적 대상이었다. 하느님은 그의 아들 환웅을 이 세상에 내려 보냈다. 환웅이 내려 온 곳은 태백산 신단수 밑이다. 이는 우주의 중심이 되는 우주 나무에 대한 신앙으로 보인다.

이야기 속에 곰이 쑥과 마늘을 먹고 동굴 속에 삼칠일간 머물렀더니 여자의 몸이 되었다. 곰이 여인이 되었다는 재생과 육화(肉化)의 신화는 모신 신앙을 드러내는 밑그림이다.

웅녀는 뒤에 환웅과 혼인하여 단군을 낳는다. 하늘 신 환웅과 땅의 신인 곰 여인의 혼인으로 태어난 이가 단군왕검이고 그가 고조선을 세웠다. 여기서 하늘과 땅, 그리고 인간이 함께 어우러지는 신화가 만들어졌다.

또한 농경문화가 발달하고 보다 넓은 지역으로 삶의 가능성이 넓어지면서 본격적인 먹거리 생산 단계로 접어든다. 그러면서 농경신 숭배의 필요성은 한층 더 절실하게 떠오른다.

농경신이 하늘 신이든 유화와 같은 모신이든 농경의 시작으로서 씨앗에 대한 이야기가 등장하게 된다. 흔히 새는 하늘신이나 땅 신의 도우미로서 구실을 맡기도 한다. 때로는 하늘 신이나 땅 신 스스로가 새로 모습을 바꾸어 농사를 전하고 그 성공을 보장하는 존재로 등장한다. 가령 청동기 시대의 하늘 신 숭배를 바탕으로 한 우주나무와 하늘 신의 도우미인 새가 어울려 솟대 신앙이 생겨난다.

단군신화에서 곰과 범이 나타난다. 먼저 신화적인 의미의 곰으로 보자면, 곰은 분명 숭배의 대상이 되었는데 이러한 신앙의 형태들은 옛날 지구의 북반부에서 두드러진다.

특히 시베리아 지역에서 곰을 숭배했다. 이 때 곰은 성스러운 동물 혹은 집단을 수호하는 수호신이 된다. 시베리아 지역에 곰 숭배문화가 있고, 우리 민족이 시베리아 지역과 관련이 있다면, 우리 민족도 과거에 곰을 숭배한 적이 있다.

앞서도 살펴보았지만 우리가 흔히 쓰는 인사말로서 고맙다는 곰 숭배의 화두가 될 수 있을 것이다. 이르자면 시베리아에 아무르강이 있다. 그 쪽의 많은 종족들 중 길랴크족과 아이누족 등은 붙잡힌 곰을 자기 주거지의 수호신으로 삼는다.

그리고 그 위쪽의 돌칸족은 곰을 산의 여인으로 부르고, 보티악족 같은 경우는 숲에서 사냥을 하다가 곰을 만나면 도망가지 않고 그 자리에 엎드려 절을 한다. 신이 오셨다고 믿는다. 그 밖에도 그쪽에 있는 샤먼교도들이 대체적으로 곰을 숭배한다. 우리 겨레가 그 쪽과 문화적 고리가 있다면, 우리도 곰을 신성한 존재로 숭배했을 가능성이 높다. ≪신증유합≫에서 보면 고마를 경건하게 흠모할 대상으로 기록하고 있다. 고마 경(敬) 고마 건(虔) 고마 흠(欽)하는 것이 이러한 증거로 보아 좋을 것이다. 곰을 경건하게 흠모할 대상으로 보는 신앙이다.

시베리아 지역에 살던 사람들에게 곰은 단순한 짐승이 아니고 신의 표상이다. 아이누 족 같은 경우는 지금도 곰을 가무이라고 하고, 신을 가미라고 한다.

모든 문화 형식은 세월 따라 변한다. 한 지역의 문화집단이 곰을 신으로 숭배했다면 겨레들의 이동과 같이 따라 다닌다. 우리 민족은 시베리아 지역으로부터 신석기문화와 청동기문화의 영향을 받았다고 했다.

신석기 문화에 영향을 받았다면 이들이 이동을 해 오면서 곰이 갖는 상징성도 함께 옮겨간다. 곰이 신이라는 개념을 가져오고 거기에 따라서 말도 가져온다.

겨레들이 이동을 한 뒤에는 곰의 의미가 문화발달과 함께 바뀌어 갈 수 있다. 신령스런 동물이 아닌 보통의 짐승인 곰으로 바뀌어 쓰인다. 이것이 문화의 이동이다. 시베리아 지역에 있던 사람들이 곰을 숭배할 수밖에 없었던 이유는 이들이 지향하는 문화가 수렵문화였기 때문이다. 농경문화로 문화의 중심이 바뀌면 곰은 더 이상 숭배해야 될 신적인 존재는 아니다.

신은 고대인들에게 있어 가장 큰 영향력을 가지는 신앙의 알맹이다. 농경문화에서는 농경과 관련된 존재들이 신이 되기에 이른다. 이 때의 신은 모신이다. 땅을 어머니로 생각한다.

그러니까 농경문화에서는 동물이 아니라 땅 자체가 숭배의 대상이 된다. 땅이 어머니 신이다. 일종의 물활론적인 신앙으로서 대지에 거룩한 영혼이 있다고 믿는 것이다.

동물이나 식물이 신적인 상징물이 될 수도 있다. 주로 식물이 된다. 그것은 땅을 어머니로 할 때, 땅에서 나는 열매들은 바로 먹거리이기 때문이다. 그러니까 곰이라는 것은 이미 모신을 대변하는 말이 된 것이다. 곰이란 말은 같은 소리지만 문화가 달라지면서 그 뜻이 바뀐 것이다.

이 모신을 상징하는 동식물을 통틀어 달 동물이라 한다. 인간이 농경을 시작하면서 어떤 생명체들의 살다 죽는 주기를 알게 된다. 이 주기가 없으면 농사가 되질 않는다.

죽었다가 다시 살아나는 동식물을 숭배하게 된다. 선인들의 눈에 비친 달은 죽었다가 살아나는 대표적인 자연물이다. 달을 재생의 상징으로 본 것이다. 이런 특성을 뚜렷이 갖고 있는 동물들이 숭배의 대상이 된다. 곰도 그러한 속성을 지닌 동물이다. 겨우내 굴속에 죽은 듯이 있다가 봄이면 다시 살아 나온다. 그러니 재생의 상징으로 본 것이다. 수렵문화 시기에 곰을 조상신으로 숭배하다가 농경문화로 옮겨오면서 모신을 상징하는 존재로 바뀌었을 가능성이 있다.

곰이 경우에 따라서는 신이나 왕을 가리킨다. 나라 이름이나 땅 이름에 고마라든가 개마가 쓰인다. 개마고원 같은 말은 그 자체에 아무런 뜻이 없는 것처럼 보인다. 그러나 개마라는 말을 이와 같이 생각해보면, 바로 신이 사는 지역이라는 뜻이 된다. 개마산이나 태백산 같은 말들은 백두산이 신의 산이었음을 나타낸다.

그 다음, 곰과 호랑이가 환웅에게 빌어서 인간으로 살기를 원했고, 환웅은 이들에게 쑥과 마늘을 주고 이것을 먹고 백일 동안 빛을 보지 않으면 너희는 인간의 몸을 얻으리라고 하는 대목이 나온다.

단군 이야기에서 곰이 인간으로 변해가는 과정은 일종의 통과제의라고 볼 수 있다. 곰은 춥고 배고픈 시련을 통과하면서 인간의 몸을 입는다. 이 단계들은 한 상태에서 다른 상태로 갈 때 치러야 하는 의식이다. 몸과 마음으로 껍질 벗음의 과정이다. 이런 시련의 단계를 거쳐서 곰은 인간이 된다. 이 때 곰이 변한 인간이라는 것은 완전한 인간은 아니고 인간인 동시에 신성을 갖춘 존재가 되는 것이다.

구름 넘어 극락의 길 어디 가면 찾을 수가
나이 들어 가을 되니 어머니가 새록새록
내 안에 임의 넋 살아 들국화로 필 것을

## 2. 달과 어머니

농경 사회에서 달은 풍요로움의 상징이었다. 음양사상에 의하면 태양은 남성으로 인격화되고, 이에 반하여 달은 음이라 하여 여성으로 인격화된다. 따라서 달의 상징적 구조를 풀어 보면 달-여신-대지로 표상되며, 여신은 만물을 낳는 지모로서 출산력을 가진다. 이와 같이 대보름은 풍요의 상징적 의미로 자리매김 한다.

달력이라고 하거니와 우리들의 전통적인 시간의 큰 흐름은 달을 중심으로 하여 이루어진 셈법이다. 한 달은 달이 새로 돋아서 지는 한 주기를 기초로 하여 만들어진다.

달은 모신의 신앙에 뿌리를 두고 있다. 생산에 직접 영향을 끼친다고 믿었다. 처음으로 보름달이 되는 정월 대보름은 이런 의미에서 만월제의에 해당한다. 그래서 둥그렇게 떠있는 보름달은 우리민족에게 풍요와 생산, 희망을 주고 또한 개인의 절실한 소망을 비는 대상이기도 한 것이다.

특히 일본의 강점기에는 마을마다 정월대보름 달이 떠오르기 시작하면 청년들이 횃불을 들고 모여들었다. 이웃마을과 횃불싸움을 벌일 만반의 준비를 하는 것이다. 우선 산더미 같이 쌓은 짚가리에 불을 지피고 달을 향해 각자의 소원을 빌면서 절을 한 다음, 징과 꽹과리를 치고 신명나게 한바탕 춤을 추면서 빙빙 돈다.

일종의 전초전이며 이웃마을에 횃불싸움을 거는 신호탄인 것이다. 청년들은 횃불을 들고 이웃마을을 향해 목청껏 소리를 지르면서 달려간다. 마을 경계인 논두렁에 이르면 서로 횃불을 던지며 싸움을 벌였다.

횃불 싸움은 부락 사이의 하나 됨을 이루게 되며 곧 다가올 농사에도 신명나게 함께 일할 수 있는 대화합의 마당이었다. 특히 마음 속에 응어리 진 일본인들에 대한 압박과 설움을 토해내는 카타르시스의 장이었던 것이다.

어둡고 힘들어도 달을 보면 그리운 임
힘을 내라 견디어라 어머니의 살품으로
달 지면 동녘 하늘에 붉은 해가 오를 것을


## 3. 날뫼와 모신

비산[飛山] 농악은 대구의 날뫼 마을 일원에서 스스로 전해 오
는 농악이다. 옛날부터 날뫼 마을 주민들이 믿어오던 마을의 제당
인 천왕당에서 정월 보름에 행하던 동제인 천왕 굿 때의 지신풀이
에 그 모태를 두고 발전해 왔다.

아득한 옛날 달내의 냇가에서 빨래하던 여인이 서쪽 하늘의 요
란한 풍악 소리를 듣고 바라보니, 하늘에서 산모양의 구름이 날아
오고 있었다. 여인이 이를 보고 놀라

"동산이 떠 온다."

라고 소리를 질렀더니 날아오던 산이 땅에 떨어져 동산이 되었
다. 날아온 산이라 하여 날뫼라 부르게 되었고 한자로 비산이라
쓰게 되었다 . 오늘날의 대구 비산동의 지명이 바로 여기에서 연
유한 것이다.

이 전설은, 옛 달구벌의 성이 있던 산의 전설로 우리나라의 모
신 신앙에 뿌리를 둔 지명 설화다. 날뫼라고 부르는 지명 전설에

우리나라의 원초적인 모신 신앙이 깔려 있는 것만 보아도 비산 농악의 뿌리가 대단히 깊음을 알 수 있다.

해를 날이라고 한다. 이로 보면 날뫼의 기원적인 상징은 태양신 숭배에서 찾을 수 있지 않을까 한다. 오늘날의 비산동의 원 고개는 달성과 금호강의 달천 사이의 넓은 들을 가로지르는 서울 나드리 길목이었고 기록으로는 대구의 공식 도로였다.

비산 농악

비산 풍물은 정월 상원의 천왕메기와 지신풀이뿐만 아니라 이 길로 오고 가던 원님의 행차 때에도 원 고개에서 놀았다고 옛 어른들은 전한다.

전통적인 지리를 풍수지리라 한다. 조선시대의 기본법전인 ≪경국대전≫을 보면, 문학과 역사, 그리고 철학을 전공하는 유학과

잡학(雜學)이라는 것이 있다. 잡학 전공자를 관리로 선발하는 잡과가 있다. 잡학에는 의학, 천문학, 지리학, 명과학, 산학, 율학, 화학 등이 속한다. 잡학도 모두 학으로 부르고 있다.

따라서 과거에 통용되었던 지리학이라는 용어가 오히려 온당하다. 서양의 지오그라피를 지리학으로 쓰는 것은 적절하지 못하다. 지리학보다는 지학으로 씀이 오히려 본뜻에 가까울 것이다. 지오그라피는 땅을 기술하는 것이니 우리가 쓰는 지리의 개념과는 거리가 있다. 우리의 경우는 철학이요 존재론의 성격을 띤다.


## 4. 땅과 생명

지리는 땅에 어떤 섭리가 있다고 보는 데서 비롯한다. 그 이치가 바로 생명체이론이다. 땅을 생명체로 보는 것은 모든 우주 만물을 생명체로 보는 우주관과 관련되어 있다.

크게 보면 우주를 구성하고 있는 하늘, 땅, 인간이 모두 유기적으로 생명체를 이루고 있으며, 작게 나누어 보면, 땅 위에 있는 모든 산과 물, 그리고 인간도 하나의 유기체요 작은 우주다.

모든 것은 존재로서의 의미와 이치를 가진다. 하늘의 큰 원리를 천리라 한다면, 땅의 원리가 지리다.

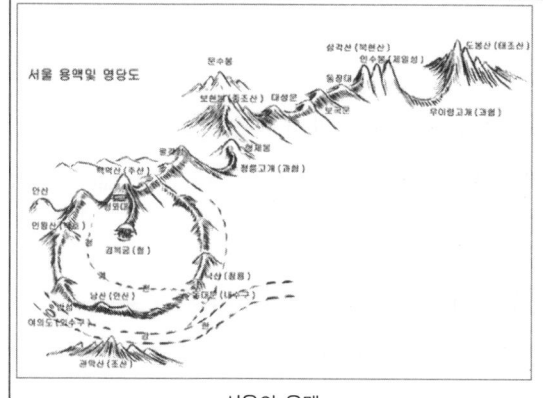

서울의 용맥

사람은 하늘과 땅에 기대어 산다. 하늘은 간접적이고 땅은 직접적이다. 그래서 하늘은 아버지, 땅은 어머니에 비유된다. 예로부터 땅을 어머니로 섬기는 모신이 숭상된 까닭도 여기에 있다.

지리학은 바로 땅을 인간의 어머니로 보는 데서부터 출발하여, 땅이 지닌 그 모성의 생명력이 인간과의 감응을 통해서 인간의 좋은 일과 나쁜 일에 어느 만큼의 영향을 주는가를 찾아내고자 한다.

그러면 땅을 생명체로 보는 이유는 무엇인가. 땅에는 음양과 오행이 있고, 음양오행은 서로 어울려 생명을 빚어낸다. 땅으로부터 인간이 절대적인 영향을 받고 있는 것은 산과 물과 바람이다. 이 경우, 산과 물은 반드시 높은 산과 강이나 하천을 말하는 것이 아니라, 땅의 요철을 가리킨다.

물은 낮은 곳으로 흐르게 마련, 물의 고향은 산이요, 바다가 아니던가. 산은 움직이지 않으므로 음이요, 물은 움직이므로 양이다. 또한 하늘을 기준으로 보면, 산은 솟아 있는 땅이다. 물은 하늘의 입장에서 보면 양이다.

음양은 서로 작용하여 생명을 낳는다. 따라서 산과 물은 음양의 원리 속에서 하나의 통일체를 이루면서 생명을 창조한다. 땅에서 발생하는 기를 지기(地氣)라고 한다. 인간은 이 지기의 영향을 받아 길흉이 좌우된다. 즉 지기가 잘 모이는 곳이 혈과 명당이요, 이곳에 무덤이나 집을 짓고 살면 복이 오는 것이다.

지기는 땅 속을 지배한다. 이를 잘 간직하려면 바람을 살피는 일이 중요하다. 바람이 지기를 날려 보내면 지기는 흩어진다. 바람을 잘 간직함이 이른바 장풍(藏風)이다. 명당은 바로 바람을 잘 간직하여 지기가 모여 있는 곳이다.

지기가 모이고 바람이 잘 조응하려면, 먼저 산과 물이 잘 어울려야 한다. 그래서 풍수에서는 산과 물이 잘 배합되어 있는 모형을 으뜸으로 한다. 그 모형이 바로 조산(祖山), 종산(宗山), 주산(主山), 안산(案山), 조산(朝山), 좌청룡(左靑龍), 우백호(右白虎), 남주작(南朱雀)과 북현무(北玄武) 이론이다.

즉 뒤로는 큰 산들이 조상들처럼 겹겹으로 뻗어 내리고, 앞으로는 나지막한 안산이 봉황새처럼 날아오르고, 좌우에는 용과 호랑이가 누워있는 모양의 산이 둘러싸고 있으면, 지기가 모이고 바람이 간직되어 있는 혈이 생기고, 그 혈 앞에 명당이 있다. 이러한 명당에는 물도 지(之)자나 현(玄)자처럼 흐르게 된다. 오늘의 서울을 연상하면 명당의 모형이 그려질 수 있다.

이 밖에도 명당의 모형은 자못 많고, 명당이 아닌 곳을 보완하는 이론이 많지만, 그 이론이 모두 음양오행의 원리에 바탕을 두고 있다. 참된 명당은 사람의 마음이련만, 저네들은 끊임없이 명당을 찾아 헤맨다.

물에서 불로 가는 푸른빛의 모꼬지여
타오르는 태양처럼 생명의 횃불 들어
무지개 하늘의 약속 널리 두루 온누리를


## 5. 모악산과 금산

우리나라에는 1대간 1정간 13정맥이 있다. 백두산에서 지리산까지 땅의 모든 물줄기들과 동서남북의 분기점이 되는 백두대간이 우리나라 산들의 샘과 뿌리가 된다. 지리산에서 북향한 호남, 금남 정맥이 마이산 어름에서 다시 남북으로 갈리고, 북쪽으로 뻗은 산줄기는 금남정맥, 남쪽으로 가는 정맥은 호남정맥이다.

전라도의 땅들과 물줄기들은 호남정맥의 산줄기를 따라 그 흐름이 나누어지며, 영취산, 장안산을 시작으로 섬진강과 금강을 나누고 전라 우도와 좌도를 가르며 백운산까지 이어지는 산줄기다.

호남정맥이 진안 곰티재를 넘어 임실의 슬치를 지나 오봉산과 옥정호를 지나 내장산으로 이어진다. 이 때 오봉산을 지난 산맥이 국사봉에 이르러 커다란 줄기 하나를 오른쪽으로 슬그머니 내려놓

모악산

고 지나가는데, 그 산줄기 어름에 모악산이 있다.

모악산(母岳山)의 줄기는 전주시, 김제시, 완주군을 싸안으며 배재, 장근재, 밤티재의 부드러운 능선이 있고, 금산사 방면의 내모악과 동쪽의 구이 방향의 외모악으로 나누어 볼 수 있다. 산세는 기운찬 호남정맥의 힘을 그대로 이어 우뚝 솟구쳐서 서해에 닿을 것처럼 길게 뻗어 내리다가 산자락 아래 사방 백 리가 넘는 호남평야를 펼쳐놓았고 북쪽으로는 천년의 고도 비사벌을 품에 안는다.

호남평야는 모악산을 중심으로 북쪽에는 금남정맥, 남쪽에는 호남정맥으로 둘러싸여 있으며, 호남평야 한 가운데서 보면 마치 어머니가 양팔을 벌려 사방 몇 백 리의 너른 들녘을 감싸 안고 있다. 또 여기에서 흘러내린 물줄기는 구이 저수지, 금평 저수지, 안덕 저수지를 채우고, 만경강과 동진강으로 흘러들어 호남평야의 넉넉한 젖줄기가 된다.

예부터 엄뫼, 큰뫼로 불리는 모악산은 정상 아래에 자리 잡고 있는 쉰 길 바위가 아기를 안고 있는 어머니의 모습과 같아서 모악산이라 했다. 그러나 모악산이 ≪삼국유사≫와 ≪고려사≫에도 금산으로 기록되어 있는 것으로 보아 모악산으로 불린 것은 조선시대로 추측하고 있다. ≪동국여지승람≫에는 모악산으로 적혀 있음을 알 수 있다.

≪금산사지(金山寺誌)≫에는 옛말로 금산을 엄뫼, 큰뫼라 하였다. 엄뫼는 모악인데 한자의 뜻을 따고, '큰뫼'는 '큼'을 비슷한 소리를 중시하여 금(金)으로 하고 뫼는 의역하여 산으로 하였다. '금산사'의 이름도 여기에 연유했을 것으로 추측된다. 예전의 우리말에는 아직 거센소리가 자리를 잡지 못하였으므로 큼-금으로 대응되었을 가능성이 있다. 엄뫼를 읽기에 따라서는 어뫼-어매-어모이라 할 수 있으니 이 지역의 사투리와 크게 다르지 않다.

여기서 우리는 엄뫼의 엄-과 금산의 금이 글자만 달랐지 같은 의미를 드러내는 모신 상징으로 볼 수 있을 것으로 보인다. 이러한 가능성은 금성(金城)-모성(母城)에서도 찾아진다.

그리고 모악산 주변의 지명들이 김제, 금산, 금구면, 금천 등의 쇠 금자가 들어가 있다. 이들 지역에서 사금이 많이 났으며 지금 현재도 그 어름에 광산들이 많이 있는 것으로 보아 금산사와 모악산의 옛 지명인 금산은 이들 주변지역의 쇠 금자의 지명과 함께 이름이 불렸을 것으로 보인다.

물론 쇠가 많이 나니까 그렇게 부를 수는 있다. 하지만 금성의 금이 많은 이름에 영향을 주었다고 보아야 할 것이다. 이러한 현상을 방사현상이라 하는바, 모악산 자락에 자리한 관계로 그렇게 불린 것으로 보인다.

> 모악산 봉우리에 구름이 쉬어가오
> 그 너른 치맛자락 겨레의 둥지인가
> 굽도는 영산강 물은 꽃이 되고 열매되어

## 6. 금호강과 지모신

물이 흐르다가 늪이 되는 곳이면 갈대들은 자연스럽게 떼 지어 살아간다. 바람이 불면 갈대들의 서걱이는 소리가 비파 소리와 같다 하여 금호라 불렀다는 것. 하필이면 금호강 어름에만 갈대가 아름다울 수는 없다. 댐 주위의 모습을 보자면 소양강이나 남지 못이나 을숙도 둘레의 갈대는, 아니 화왕산 늪가에 갈대는 축제까지 벌이지 않는가. 낙동강 굽이마다 갈대는 흔히 볼 수 있다.

가장 잘 바뀌지 않는 것이 땅이름이요, 그 가운데에서도 강 이름이 더욱 그러하다. 설령 한 때 땅이름이 바뀐다 해도 다시 제

금호강 영천댐

자리로 돌아와 쓰인다. 서울의 경우, 한산주·한주·한성·경성과 같은 이름들이 쓰였지만 오늘날 다시 서울로 불리지 않는가.

땅이름은 특정한 공간에 삶을 누린 사람들의 사회와 역사 문화를 상징적으로 드러낸다. 그러면 금호(琴湖)의 경우는 어떠한가.

《경북지명유래총람》을 따르면 금호는 영천시 서쪽 6킬로미터 지점에 있는데 금호읍의 남과 북이 구릉지로서 호수와 비슷하다. 바람이 불면 갈대밭에서 비파 소리가 난다. 그럴싸한 풀이다. 얼마나 낭만적인가. 그 영향 때문인지 금호 옆 하양읍에는 금락동, 금호동이 있다. 일종의 강 이름의 메아리다.

그뿐이 아니다. 똑같은 금호가 금산면에도, 창원의 동면에도 있다. 그럼 그곳에도 비슷한 땅이름의 유래가 있을까. 꼭 그렇지는 않다. 금호강은 영일군 죽장면 가사령에서 흐르는 물과, 영천군 소재 보현산 일명 모자산에서 흐르는 물이 영천에서 합하여 낙동강으로 흘러든다. 길이는 116킬로미터이며 영일·영천·경산·달성을 지나면서 대구의 북서쪽을 감아 돌아 대구평야 또는 금호평야가 되어 경북 제일의 큰 먹거리 생산의 보금자리 구실을 해낸다.

농업생산은 땅과 물에서 말미암는다. 먹거리는 겨레의 번영과 자기보존을 가능하게 하는 것이니 옛날 샤머니즘 시대에는 물과 땅에 신격을 부여하여, 온 나라가 이를 받들어 봄가을로 제사하였다. 고구려의 동맹, 예의 무천, 부여의 영고 등은 이러한 지모신 숭배의 보기라 할 것이다.

금호의 금(琴)은 농업생산을 좌우하는 물과 땅-지모신을 드러내는 음성표상이 아닌가 한다. 어머니 젖 내음 같은 저 그윽한 향이여.


## ❑ 금(琴)-과 모신

금호강의 금이 갖는 뜻 보람을 살펴보기 위하여 여러 가지 땅이름 관련의 자료를 떠올릴 필요가 있다.

> 가. (세종실록지리지)금호강의 근원은 영천의 모자산에서 시작, 서쪽으로 흘러들어 대구군의 북서쪽을 지나 낙동강으로 흘러든다.
> 나. (신증동국여지승람)금호-대구도호부의 서북 11리에 있다. 근원은 둘이 있는데 하나는 영천의 보현산이요, 다른 하나는 모자산에서 나와 서북쪽으로 흘러 사문진으로 든다 (역원) 琴川(고적) 公山
> 다. (연려실기술) 영천·신령·하양·자인·경산의 여러 물은 대구의 금호·달천진이 되어 낙동강으로 흐른다.

라. (대동지지·대구도호부) 금호평~금화강의 왼쪽 바른쪽에 넓은 평야/ 금호강~근원은 청송의 보현 일명 모자산 남쪽에서 시작 빙천을 지나 다시 자을아천이 된다. 병풍암과 신녕의 서편을 지나 여천을 돌아 흐른다. 죽방산의 남쪽에 이르러 남천, 범어천, 시천, 영지산천을 지난다. 하양의 남서를 거쳐 관란천, 황율천, 반계, 남천과 합하여 대구의 사수·진탄내가 된다. 다시 신천을 좌로 해안천을 우로하면 여천의 서편을 들어 금호진을 이루고 하빈을 지나 낙동강으로 든다. (나루)사문진·금호진(역참)·금천역

마. (화성지)금호강은 현의 남쪽 1리 쯤에 자리하고 있다. 근원 샘의 한 줄기는 경주 모자산에서 발원하며 한 줄기는 신녕 보현산에서 흘러 영천 상계에서 만난다. 본현에 와서는 경산대구를 거쳐 낙동으로 흘러든다(琴湖江在縣南一里源一出於慶州母子山一出於新寧普賢合流永川雙溪到本縣歷慶山大邱入洛東江(花城-河陽)).

금호강에서 비롯한 금호평야는 말 그대로 경북에서 으뜸가는 먹거리의 터전이요, 삶의 보금자리였다. 금호강을 둘러 싼 자연부락을 크게 1광역시 3시 2군 25개 읍면이나 된다.

포항시(죽장)·영천시(신녕·청통·화남·화북·화산·자양·임고·고경·대창·금호·북안), 경산시(남천·남산·용성·자인·압량·경산·진량·하양·와촌), 달성군(가장·다사), 칠곡군(지천·동명) 대구광역시(동구-북구)

물이 있는 곳에 마을이 생긴다. 금호강은 영천의 모자산에서 비롯된다. 보현산이 곧 모자산으로 기록된 것을 보면 근원을 하나로 본 것이다. 최근에 밝혀진 바로는 영일군 죽장면 가사령에서 한 줄기가 나오고, 한편 모자산에서 나오는 화북천이 어우러져 금호강의 본류를 이룬다.

1994년 무렵. 금호강의 뿌리를 찾아서 한국방송공사 대구총국 사람들과 함께 가사령의 금호강 발원지에서 발원제를 올린 일이 있다. 날은 가물고 참으로 목이 타들어가는 정황이니 차라리 기우제라고 해야 옳을 것이다.

금호강과 모자산에서 금호-모자의 맞걸림은 없는 것일까. 가람은 농업생산의 어머니이자 삶의 뿌리이다. 우리말로는 강을 가람이라 하거니와 가람의 본질은 갈라짐에 있다. 가람이 있어 이 마을과 저 마을이 생겨나며 끝없는 삶의 무늬로 짜진 목숨들이 새끼를 친다. 한 알의 열매가 더 많은 열매를 빚어내듯이 가람은 생명현상의 모꼬지요, 모태다.

가람은 땅과 함께 지모신이 다스리는 공간이요, 아니 그 자체로서 믿음을 산다. 금호강의 금(琴)과 모자산의 모(母)의 걸림을 어떠한 언어적 질서에 따라서 고리 지을 수 있는가. 같은 글자는 아니더라도 땅이름이 고쳐지는 과정에서 서로 맞걸림의 가능성이 있을 것으로 판단된다.

금(金)-모(母)의 맞걸림(대동지지)

가. 금성은 본디 야시홀이었는데 달리 모성 혹은 모산성이라 한다(金
城本也次忽一云母城 母山城).(金-母)

나. 금산은 본디 신라 때 동잠이었다. 경덕왕 16년에 금산으로 고쳤
다. 예전의 고을로서는 어모가 있었는데 금산의 35리 지경에 있
다. 신라 아달라 임금 4년에 감물현을 두었는데 일명 음달현이라
고도 했다. 경덕왕 16년에 어모라 고쳤다.

(金山本新羅桐岑景德王十六年改金山(고읍)禦侮三十五里新羅阿
達羅王四年置甘勿縣一云今勿一云陰達縣景德王十六年改禦侮).
(甘-今-金-陰-禦侮)

다. 웅천은 본디 신라의 웅기현이었다. 경덕왕 16년에 웅신현이라
하였고 의안군의 영현이 되었다. 고려 현종 9년에 금주에 속하였
다. 용비어천가에서는 웅진을 고마나루라고 한다.

(熊川本新羅熊只縣景德王十六年熊神爲義安郡領縣高麗顯宗九年
屬金州/卽熊津고ᄆᆞᄂᆞᄅᆞ也(용가3-15)) kuma(일본)(웅-금-고마
-구마)

라. 금강은 본디 웅천하였다. 동북 5리에 있으며 근원 샘은 장수에서
발원한다. 공주는 본디 백제의 웅천이었다.(錦江本熊川河東北五
里源出長水(신증동국여지승람)公州本百濟熊川(금-웅-공)

마. 마침 이 때 한 마리의 곰과 호랑이가 같은 굴속에 살고 있었다.
환웅에게 늘 빌기를 (중략) 아들을 낳으니 이름을 단군왕검이라
하였다(중략) 또 이름을 궁홀산 혹은 금미달이라 하였다( 時有一
熊一虎同穴而居常祈于神雄(중략)生子號曰壇君王儉(중략)又名弓
忽山又今彌達).(삼국유사)

바. (중국고음)甘kam 錦kAm 今kAm 琴kAm 金kiAm 儉kiem(A-아
래아)

우리말을 한자로 적을 때 소리의 체계가 맞지 않아 오늘날의
안목으로 보면 서로 어긋남이 있다. 보기를 보면 금(金·甘·琴·
今)-어머니(母·禦侮)가 서로 맞걸릴 가능성을 보이고 있다. 칼그
렌이 재구성한 고대 중국 한자음인데 거의 같은 음상을 드러낸
다. 자료로 보아 '금-곰-고마-공'의 맞걸림은 ≪삼국유사≫의
단군신화와 맥이 닿아있음을 알 수 있다. 여기 고마(곰)는 ≪신증
유합≫에서 경건하게 예배하고 흠모해야 할 믿음의 대상이었음은
흥미롭다.

자료를 통한 서로의 맞걸림을 볼 때, 금호강의 금(琴)은 고마
(곰)·구마(굼)·감·검·금(錦·金·今)과 함께 어머니 곧 지모
신을 드러내는 표기상의 변이형태가 된다. 여기서 '금-엄(어머
니)'의 언어적인 질서가 문제다.

알타이 말 계통에서 특히 한국어에서 말머리의 기역이 약해져
서, 혹은 말끝에서 히읗으로 되었다가 다시 소리 값이 아예 없어
지는 극단적인 약화에 대하여 이미 상정한 논의가 있어 왔다(≪람스
테트≫ 1939). 즉 ㄱ-ㅎ-ㅇ이 된다는 것이다. 이러한 기역의 약화탈
락현상이 금에서도 일어난 것으로 보인다.

(ㄱ의 약화 탈락)

가. 곰(굼·검·금)-홈(훔·험·흠)-옴(움·엄·음) [구멍(=모태)
· 굴살이 穴]

나. 골(谷)-홀(忽)·견(見)-현(見)·검(儉)·개-해(解)/학교-가꼬
(일본어). 해결-가이게쓰(일본어)·화학-가가꾸(일본어)

다. (한국어-만주어)가시개-hasaha·가루-haru·가지-haji·구
유-huju/(순단위)온(안)-gon>hon(몽고어)

라. (어머니의 방언형) 어머니(전지역) 엄니(안성·아산·연기·부
산·전남 대부분), 어무이(예천·의성·영일·선산·김천·칠
곡·고령), 엄마(강원·전남북·예천·포항), 어머이(횡성·원
주·평창), 어매(군위·김천), 옴마(칠곡·대구·달성·경산·
함안·진주·마산·충무), 옴매(통영·충무), 오매(진안·무
안·정읍·김천), 오메(군위·김천·고령)

마. 고물고물(구물구물)-호물호물(후물후물)-오물오물(우물우물)

소리의 모습이 비슷하다 하여 모두가 같은 낱말겨레에 들어가
도 되는 걸까. 뜻으로 본 맞걸림은 어떻게 풀이할 수 있을지. 곰을
사람의 조상신으로 믿는 수조신앙 즉 토템의 관점에서라면 곰은
신 상징의 징표가 되며 두려운 마음으로 예배해야 할 종교적인 대
상이 된다.

에벤키 말에서는 곰에 조상신 혹은 영혼의 뜻을 부여함은 바로
곰을 토템으로 숭배하였기에 그러하다. 아직도 아무르강 유역 시
츄섬에는 곰 토템을 믿는 고아시아족이 상당수 살고 있다.

짐승으로는 곰 상징이요, 곰은 검기 때문에 거북이와도 맞걸리는 것으로 보인다. 기실 한반도에서는 곰보다는 거북이 많이 살고 있으며 신령스러워 신과 통하는 상징 동물로 여겨왔던 것이다. 별의 경우 북두칠성이 현무로 적힌 것으로 보아 큰 곰, 작은 곰 자리별의 이름과 무관하지가 않다. 흔히 거북이라 하지만 방언이나 다른 자료로 볼 때 거미로 불렀을 가능성이 높다.

(고마의 분포)

가. 고마敬고마虔고마欽(신증유합)熊津고마ㄴㄹ也(용비어천가 3·
   15)/高麗(koma)〈Jap〉

나. 웅신熊神-구산龜山-칠원漆原(세종실록) 玄武(검+ ㅁ>검)(사
   기)人君以玄獸爲神(한서)前朱鳥後玄武(예기)喉居後而牙次之北
   東之位也(중략)潤水也(중략)於音位于(훈민정음)/ 왕거미 노래
   (양산 민요, 모심기노래)

박지홍(《구지가의 연구》, 1952)에서도 밝힌 바와 같이 검+음>거름>거뭄>거붑>거북과 같이 발달하여 오늘날의 '거북'이 된 것으로 보인다. 방위로 보면 거북이 북방이요, 신 상징이라면 북방신이 된다.

금(곰-검-감-굼)의 북방상징은 보기에서 보인 것과 같이 금호강 또한 그러하다. 대구의 북 서쪽으로 흐르며 현재의 금호읍도 금호강의 북쪽이며 경산과 달성의 북쪽을 지난다.

≪삼국유사≫의 단군신화에서 웅녀-곰은 단군을 낳은 어머니요, 조상신이다. 곰은 처음에 호랑이와 함께 같은 굴에서 살았는데 여기서 굴과 구멍은 전혀 다르지 않은 공간이다. 이 구멍 속에서 통과제의를 거쳐 짐승에서 사람으로 탈바꿈하여 여인이 되었다.

현실적으로 단군이 어머니 고마의 자궁에서 태어났음을 생각하면 곰이 구멍의 상징이면서 어머니요, 조상신의 상징임을 알게 된다. 수조신앙으로서 곰 토템이 단군신화에 투영되었음은 아주 자연스러운 일이다. 짐승으로서 곰은 겨울이 되면 굴속에서 살며 거기서 종족과 자기보존을 하였을 것이다.

마치 석기시대에 공주 석장리나 서울의 암사동에서 드러난 옛 조상들의 혈거생활과 아주 비슷하다. 이를테면 곰의 굴살이와 그 속성에서 거의 같은데 이는 속성의 전이라고 할까.

고조선 시절 단군의 어머니는 고마였고 조상신이었다. 나를 낳아 길러준 분이며 비유적으로는 땅이 바로 목숨의 어머니가 된다. 옛말에서 땅을 '나(那·奴·惱/na(地)(만주어))'라고 한다. 나에 토씨가 합할 때 ㅎ이 덧붙는데 뒤로 오면서 아예 윗말의 받침이 되어 붙으면 「낳다(월인석보 10. 24)」가 된다.

나무의 뿌리에서 움이 돋고 그 움에서 꽃이 피고 열매가 달린다. 우린 어머니의 움 속에서 자라나 다시 뒤에 올 사람들에게 중요한 꺼리들을 넘겨준다. 말하자면 배달겨레는 어머니요, 조상신인 고마(곰)의 품에서 태어나 배달이란 크고 그윽한 숲을 이룬 것이다. 고맙다는 인사말은, 곰 토템의 조상신 숭배, 곧 지모신 숭배를 보여주는 좋은 본보기의 하나다.

곰(고마)- 계열의 낱말 중에서 감(검)-은 검정색을 드러낸다. 검은 짐승으로 신을 삼는다고 하였거니와 감(검)-은, 곰에서 모음이 바뀐 낱말로 곰신의 색을 드러내고 있다. 현무가 곧 거북이요, 곰과 같이 검은 속성으로 신 상징의 빛깔을 드러낸다. 땅이름으로 보면 거북-곰이 모두 신으로 서로 맞물려 있다. 특히 거북은 농경을 맡아 다스리는 신 가운데 으뜸이다. 열두 지지 가운데 갑(甲)이 거북 상징을 드러냄으로 그러하다.

일본의 경우도 고마(구마) 숭배는 예외가 아니며 폭넓은 분포를 보인다. 김 달수님의 《일본 속의 한국(1986)》에 따르면 일본에는 8만에 가까운 신사가 있다. 가장 오래고 존경을 받는 게 고마계의 신사라는 거다.

일본의 역사에서 가장 확실한 문화의 요람지였던 나라현 지방의 아스카(飛鳥) 문화를 상징하는 것이 '고마'계 신사다. 고마 신앙은 한민족의 겨레 신앙인데, 일본의 국왕들이 대대로 고마를 모셨다 함은 무엇을 뜻하는가. 그러면서도 단군신화는 가짜이고 자기네는 진짜라는 논리가 과연 설득력이 있을까. 짜가들이 판을 치다니.

물과 뭍에 깃들이는 신령스런 고마님아
점지 하신 하늘과 땅 사람으로 하나 되네
사랑을 넘어서 가면 생명의 샘 숲을 이뤄


## 7. 고은(古隱)과 모신

영양의 옛 이름 고은은 어디서 온 것인가. 영양 사람들은 흔히 한자의 풀이대로 옛 고자, 숨을 은이란 한자의 뜻을 중시하여 옛 날부터 숨은 선비들이 많이 살던 고장이라고 한다.

말 그대로 영양은 나라와 겨레 사랑에 불타오르는 선열과 문인과 정치인을 낳은 곳이었으니까. 영양에는 근대 사회로 들어오면서 숨어살던 선비들의 후예와 어울리지 않게 개화를 앞당기는데 햇불을 들었다. 일제의 강점기 나라와 겨레가 위기에 직면하였음을 보고 김도현 의병대장과 남자현 의사며 엄순봉 의사와 같은 분들이 분연히 일어나 나라를 위하여 목숨을 바쳤으니 예사로운 일은 아니다.

어디 그뿐인가. 민족시인 조지훈 선생은 물론이요, 고고한 시풍으로 일가를 이루었던 오일도 시인도 이 고장이 낳은 선비였다.

고은의 문화는 반변천 문화다. 일월산에서 발원하는 장군천 혹은 장천이 흘러들어 반변천을 이루고, 반변천은 다시 굽은갱이에서 굽이돌아 큰 내를 이룬다. 달리 한내 혹은 신한천이라 이르는 대천은 영양의 중심부라고 할 감천으로 이어져서 이른바 반변천의 면모를 갖추고 흐른다. 반변천은 마침내 오늘의 영양문화를 일구어 왔다.

반변천을 달리 감천(甘川)이라고도 이르는바 감천-감내(가무내)가 영양의 옛 이름인 고은과 무슨 걸림이 있으며 고은의 의미는 물 신앙과 어떤 상관이 없을까.

옛날의 영양은 고은이었다. 어느 마을이나 그러하지만 마을이 이루어지려면 무엇보다도 물이 있어야 한다. 영양의 산수로 보아 중요한 물은 그 뿌리 샘이 접신의 땅 일월산의 기슭으로부터 발원한다. 샘골 바위에서 시작한 물이 강을 이루나니 이 강을 흔히 반변천 혹은 감내라 이른다.

(고은의 자료)

가. 신라의 고은은 경덕왕 16년에 유린군 영현이었으며 고려 태조 23년에 영양으로 고쳤다. 현종 9년에 예주에 속하게 된다. 新羅古隱景德王十六年爲有隣郡領縣高麗太祖二十三年改英陽(一作迎陽)顯宗九年屬禮州(대동지지)加西音山加乙面山(영해)(동국여지승람)웅흘/요은(要隱-楊口)(고은)有隣(英陽(迎陽))

나. 일월산은 북쪽 30리에 있으며 안동과 경계를 이루고 있다. 굴우물이 있으며 굴에서 10리 어름에 울진과의 경계가 있다.(日月山-北三十里安東界有窟井洞洞十里蔚珍界)(굴-구무바회 津(용가

3-13))

다. 장군천은 일월산에 발원하며 남쪽으로 흘러 현의 남쪽에 이르고 소읍령과 청기천을 만나 진보계에서 큰 내를 이루는데 신한천이라 한다.(將軍川-源出日月山南流至縣南過小泣嶺川及靑杞川至眞寶界爲大川曰神漢川)(대동지지)神-天神引出萬物者검(신자전)/將軍川-曲江(굽은갱이)-감내(甘川)-대천(大川)/신한천神漢川-半邊川반벼로:반-갑//甲川(횡성·유성)-감내-감천-감물/甘文(김천) 감(甘)-정(井)-우물제사(瀆祭 井祭 해제)/井所部曲)

라. 신한천은 현의 북쪽 1리에 있다. 발원은 영해부 일월산에서 나오며 안동부를 지나 와부탄이 된다. 다시 견항진 나루에서 합한다. 남쪽 벼랑은 4백여 자가 되므로 성터를 삼았으나 완성하지는 않았다.(神漢川-在縣北一里其源出寧海府日月山經安東府爲瓦釜灘合于犬項津南岸石壁四百餘尺因以爲城基而未之築)(동국여지승람진보현)(神-釜-甘(儉)/가마)-곰-굼(水神/地母神/穄穴神)

굴의 옛말이 구무인 점을 고려하면 감내-구무(穴)의 맞걸림이 눈에 띤다. 기원적으로 굴 혹은 구무는 모태 상징이며 땅과 물에 어머니 격을 부여하는 이른바 모신의 표상이라 하여 지나침이 없다.

신은 우리말로 '검'이었다. 이에서 모음이 바뀌면 '감'이 된다. 일종의 모음교체라고나 할까. 지금은 죽은 말이 되어 쓰이지는 않으나 문헌에나 보이는 정도가 되고 말았다. 그럼 어떻게 해서 감은 어머니임을 풀이할 수 있을까.

특히 감(甘)을 우물 정(井/井)에 기댄 것은 그 글자의 연원에서다. 우물 정(井)에서 글자를 정형하면 감과 비슷한 글자가 됨을 알수 있다. 물이란 삶의 가장 기본이 되는 물질이니 옛날 그 시절에 신격을 부여할 만하다.

신한천의 경우, 신을 검(감)이라고 하였거니와 한(漢)과 이으면 신한천-감한내-검은내-거무내-감내로 그 소리의 바뀜을 미루어 짐작할 수 있다. 신한천을 달리 대천이라 함은 너무도 자연스러운 표상이라고 할 것이다. 그 어름에 값하는 냇물 이름이 와부탄인데 여기 가마 부의 '가마'가 알맹이다.

땅이름의 분포로 보아 김천이 금산이었는데 그 옛 고을이 어모였음을 고려하면 그럴 가능성이 더욱 크다. 이제 김천의 옛 이름자료를 간추려 어모의 경우를 들어보기로 한다.

≪대동지지≫의 자료에서 김산의 옛 고을인 어모(禦侮)가 본디 감물이었는데 뒤에 어모현으로 바뀌었음을 보여 주고 있다. 그럼 여기서 두 가지의 의문이 제기될 수 있다. 하나는 감(금)-어모의 관련이고 다른 하나는 어떻게 하여 지모신이 어머니와 걸림을 보이는가에 대한 물음이다.

> 어모(禦侮) : 금산군의 북 삼십리 어름에 자리하고 있다. 신라 아달라 왕 4년에 감물현(甘勿縣) 혹은 금물(今勿) 혹은 음달(陰達)이었다. 경덕왕 16년에 어모현으로 하여 개령군에 들게 된다. 고려 현종 9년

에 상주에 들게 하였다가 조선왕조 태조 무렵 다시 금산군에 들게
한다(甘勿-今勿-陰達-禦侮-金山)(≪대동지지≫)

흔히 파열음 소리 ㄱ이 약하여지면 ㅎ이 되거나 아예 떨어져
버려서 소리 값을 잃고 마는 수가 있다. 이를 고리 지으면 ㄱ-ㅎ-
ㅇ으로 간추릴 수가 있는데 이를 뒷받침할 만한 보기들은 앞에서
살펴본 바와 같다.

(ㄱ-ㅎ-ㅇ의 대응)
가. 곰추골-홈추골-옴추골(태백) /구물구물-후물후물-우물우물/
    곰 패다-홈 패다-옴 패다/굼-훔-움
나. 곤(gon)-혼(hon)-온(on)(만주어의 수사 접미사)
다. 학교-가꼬/학문-가꾸몬/형아-엉아/적(笛)-저. 욕(褥)-요

같은 보기에서 음달(陰達)은 또 어떤 걸림이 있는가. 앞의 ㄱ-
ㅎ-ㅇ의 대응으로 보아 금-흠의 가능성을 보이고 있으며 음달의
음을 뜻으로 새기어 보더라도 그러하다. 칼그렌의 고대 한자음을
보면 음의 고음이 금에 가까운 소리임을 알 수가 있어 상당한 암
시를 준다.
오늘날엔 음의 뜻을 그늘로만 보지만 옛날 뜻으로는 '가만하다'
였으니 이를 기원형으로 거슬러 오르면 '가만하다 -감+하다'이
니 여기서 '감-금-엄-금'의 대응성을 찾아볼 수 있다.

보기에서 우리말로 귀신을 '감(검)'이라 하고 단군신화에 곰이 단군의 어머니임을 떠올리면 땅과 물을 어머니 신으로 섬기는 지모신 상징이 거북으로, 수렵문화 시기의 곰이 우리 겨레의 조상이요, 어머님을 생각하여 지모신 상징의 문화적인 투영이라고 상정할 수 있다.

이제 오늘날의 방언형으로 보아 어모라는 지명이 우리말 소리를 한자로 표기할 가능성이 많은데 어머니의 방언 분포를 알아보도록 한다.

시간이 흐르면 소리도 바뀐다. 옛말의 흔적이 방언에 남아 있음을 고려하면 '곰(고마)-홈(호마)-옴(오마)'의 변화를 상정할 수 있음은 이미 상식에 속하는 일이다. 이로 보아 김천의 '어모'는 지모신을 뜻하는 어머니 신앙에서 비롯되었음을 알 수 있다. 특히 이 지역에서 어머니를 어무이라고 함을 떠올리면 그럴 가능성이 있다고 본다. 이 때 어무이의 어무-가 어모와 거의 같은 소리임을 기억할 필요가 있다.

(어머니의 방언)
어마(봉화, 영주) 어마니(순천, 강진, 화순, 보성, 해남) 어매(영주, 안동, 봉화, 영양, 포항, 김천, 상주, 문경, 예천, 경주, 영천) 엄마(전지역) 오마(합천) 오마니(김천, 평안도 전지역) 오매(청도, 군위, 김천, 밀양, 부산, 김해, 마산) 옴마(경산, 상주, 문경, 김천) 움마(남해)

우매(충무) 우메(남해) 니미(창원, 진양) 어머이(횡성, 원주, 홍천) 어망(제주) (최학근, ≪한국방언사전(1997)≫ 참조)

　같은 말이라도 지역이나 시대에 따라서 변하듯이 하나의 말에 다른 형태가 붙어 파생어나 복합어를 이루게 되는 일은 흔히 볼 수 있는 현상이다.

　아울러 방위로는 '곰'이 북방이며 공간으로는 굴-구멍의 상징을 갖는다. 굴의 모양이 둥글 듯이 곡(曲)-은 굽으러진 모양을 기초로 한다. 영양의 옛 이름 '고은(古隱)'은 '곱다'의 활용형 고븐-고은에서 비롯할 가능성이 있다. 이제 고은의 기본형이 어떻게 분포하였으며, 그 문화투영의 맥락을 어떻게 풀이할 수 있을까.

　고은의 기본형은 '곱다' 이다. 곱다의 활용형을 '고은-고븐'으로 볼 수 있으니 서로 다른 방언권이 함께 공유되는 등어선 현상으로 보이는바, 이곳 영양에서는 '고은'이 우세하던 사람들의 언어가 땅이름을 적는데 작용하였을 것으로 본다. 이르자면 부여 계 언어가 남아 쓰이던 시절의 땅이름이 굳어져 오늘날까지 쓰일 가능성이 높다.

　　고은 : 곱- ＋ -은＞고븐∞고은(日月曲江)/임하-曲城//곱다(고운/
　　고은)아름다울英(美也)(대한한사전)고울麗(美也；被文纖麗而不奇)
　　〈초사〉고울려(≪대한한사전≫)

美-羊(신에게 바치는 희생물(犧/羲/儀-義; 신에게 양을 바치는 의식> 바르다. 의롭다.)+大(훌륭한 사람)(제사장/무당)// (감-갑/곰-곱/굼-굽)(ㅂ∞ㅁ)거벅개-거먹개(대천신흑)거멍터-거북터(원주 소초)비듬-비듭(파주)매듭-매즘(울진, 안동) 무릎-무릅팍(부여, 완주, 김해) 다리미-다리비(고흥, 여수, 순천) 말밤-말밥(구례, 순천) 곱다-굽다/곰살갑다-굼살갑다 굼-갑(穴口-甲比古次)

곱다는 뜻을 드러내는 미(美)의 경우, 제의문화적인 정보가 드러나 보인다. 글자 풀이로 보면 신에게 동물 공희로 양을 바치던 의식에서 나온 말인데 여기 큰 대(大)는 제사를 모시는 사람 곧 제사장을 뜻한다. 제의를 모시자니 정성껏 해야 함은 물론이요, 올바르게 의식을 행함에 있어 종교 직능과 정치 직능이 한 사람의 지도자에 의하여 행하여졌음을 알 수 있다.

예로부터 영양의 일월산은 접신의 땅으로서 온갖 무당들이 모여드는 곳이다. 제정일치 때로 가면 지금의 무당은 당시의 정치지도자들이었으니 이른바 제사장들이 모여들 만하지 않은가.

간추리건대, 수렵문화기의 곰 숭배 신앙을 지닌 겨레들이 농경문화로 접어들면서 거북 토템으로 문화의 변이가 일어난 것이다. 즉 물과 땅에서 농사를 짓는 지모신 바탕의 농경문화를 엿보게 하는 땅이름의 정보로 보아 큰 무리가 없을 것으로 본다.

지금도 보존되고 있는 경남 양산지방의 왕거미 노래로 불리는 모심기 민요를 들어보면 여전히 거북이를 '거미'라고 부른다. 조

순규 채록의 왕거미 노래가 있다.

　가. 거미야 거미야 왕거미야 진주덕산 왕거미야 네천룡 내활량 청융
　　　산에 청바우 미리국 미리국 두덩실 두덩실 왕거미야(왕거미노래)
　나. 거북이시여 거북이시여 당신의 머리를 내어놓으시오. 만일 내어
　　　놓지 않으면 구워먹으리다(龜何龜何首其現也若不現也燔灼而喫
　　　也)〈삼국유사〉
　다. 거북이여 거북이여 수로를 내어놓아라 사람의 부녀자를 빼앗아
　　　간 죄 얼마나 크냐 만일 내어놓지 않으면 그물로 잡아 불에 구워
　　　먹겠다.(龜乎龜乎出水路掠人婦女罪何極汝若悖逆不出獻入網捕
　　　掠燔之喫)(삼국유사 해가사)
　라. 구포(龜浦)-감동포(甘同浦)(대동지지)/감-의 개음절형: 가미-
　　　거무-거미-그무-가무/　구호(龜湖)-금호(琴湖)(경북지명유래
　　　총람)

　왕거미 노래로 보면 거북이를 '거미'라고 불렀을 가능성이 아주
높다. 구포를 감동포(甘同浦)라 함은 아주 암시하는 바가 크다. 한
자로 적혔을 뿐이지 감동은 우리말이다. 감동이 혹은 검둥이 혹은
감-으로 읽힐 개연성도 없지 않다. 감-을 열린 음절로 읽는다면
사람과 지역에 따라서 가무-가미-거무-그무로 읽기가 쉽다.
　아울러 금호가 구호에서 왔음을 생각하면 거북이를 뜻하는 구
(龜)와 금호의 금(琴)이 같은 뜻임을 알 수 있다.
　그러한 가능성을 더하여 주는 것은 ≪삼국유사≫에 실려 오는

구지가와 해가사를 보면 더욱 심증이 굳어진다. 존칭호격 접미사 -하(何) 혹은 -호(乎)를 보면 거미가 곧 거북이가 숭배할 대상임을 엿보게 해주는 대목이라 할 수 있다. 신화학에서는 동물의 몸 자체를 신격으로 보려는 시각이 기본을 이루니까 거북이 곧 검을 신으로 보고 숭배한다고 하여 하나도 이상할 것이 없게 되는 셈이다.

거북 상징은 농경문화이며 농경문화의 터전은 물과 땅이니 물과 땅에 신격을 부여하는 모신 믿음에 터를 둔다. 이러한 모신 신앙의 문화적인 정보를 심층으로 하는 곰-감에서 고은 곧 영양의 문화가 움터 왔다. 여기서 갈래 지을 수 있는 영양의 땅이름과 강이름에는 어떤 것이 있는가.

> 빛을 찾는 지훈 얼은 만주 벌판 헤매시오
> 하늘 땅 사람의 정 철 따라 피고 지고
> 오동잎 달빛 고운 밤 거문고로 이야기 꽃

## □ 감(검)-과 고은의 땅이름

감내를 한자로 적으면 감천(甘川, 甘泉)이 되는데 이는 다름 아닌 가무내 혹은 감내가 가장 기본이 된다. 신 중심의 제의 문화 사회에서 감(검 神)은 사회의 구심점이 된다. 감에서 받침이 바뀌면 '감>갑'이 된다. 이르자면 고려 가요 동동(動動)을 보면 가배가 나오는데 이 말이 곧 갑-에서 비롯한 말임을 알 수가 있다. 이러한 표기들은 우리말을 한자의 소리를 빌어다가 적은 경우로 이 같은 보기들을 같은 지역의 이름에서 찾아볼 수 있다.

> 감내(가무내) · 감들내 · 감천(甘川, 甘泉)(영양 감천)- 큰 내가 동네 앞을 감돌아 흐르므로 감들내 · 감내(가무내) · 감천이라 하였다. 전해 오기로는 처음에 지곡이라 불렀는데 400년전 통정대부 오시준(吳時俊) 선생이 이 마을에 정착하면서 동곡이라 하였다. 마을 뒤 산기슭에 맛있고 좋은 물이 솟았다고 하여 감천(甘泉)이 되었다가 감천(甘川)으로 변했다고 하는 사람도 있다(오상대(45) 제보).

가배란 보름을 이른다. 보름을 한 달로 보면 한 가운데가 되니 '중앙'이란 말이 된다. 차츰 문화가 발달하면서 신이란 뜻은 사라지고 가운데로만 남아 쓰이게 된 것이다.

갑- 계의 땅이름은 우리나라에 널리 분포되어 쓰이는 이름으로 그 가운데 가장 눈에 뜨이는 보기로는 김천의 감문과 대전의 갑천이 있다. 갑천은 강원도 횡성에도 있는데 여기서는 갑천-감내로 맞걸림을 두는 이름이다. 물을 중시하고 땅을 섬기던 우리 조상들의 농경문화를 지탱하여 온 정신적인 지주가 곧 모신 신앙이었음을 알 수가 있다.

경남 김해에도 감로(甘露)가 있음은 좋은 보기라고 할 것이다. 감(甘)이 거북신이요, 물신이라면 로(露)는 거북신의 드러남을 이르는 뜻으로도 풀이할 수가 있다. 혹은 로가 땅을 뜻하는 것으로 볼 수도 있다.

김수로도 글자대로 풀이를 하면, '거북이의 머리를 드러내었다'는 말이 된다. 여기 김(金)은 본디 소리가 '금(金)'이니 금-검(거미)-거북이란 뜻 걸림이 있으니 감로는 김수로라는 등식을 떠올릴 수 있게 된다. 김수로를 풀이하면 거북의 머리를 내어놓으라는 이야기가 되니 구지가를 단적으로 상징한 말이 된다.

감은 다시 거슬러 오르면 곰으로 이어지니 수렵문화에서 농경문화에로의 문화 변이가 가져온 의미전이의 한 보기라고 할 것이다. 소리의 비슷함이나 거북의 모양과 비슷함으로 이루어진 영양의 다른 마을 이름들이 있다.

(가마실(釜谷)(일월 가곡))

가. 가곡과 주곡, 부곡을 통틀어 3부곡이라고 한다. 이르자면 마을의 형국이 가마솥처럼 생겼다고 하여 붙여진 이름이다. 가곡의 가(佳)는 가마실의 '가'에서 따왔으며 '실'을 곡(谷)으로 뒤쳐 이름하게 되었다. (정동춘 (66) 제보)

나. 상부곡 웃가마실(일월도곡)가곡동의 가마실에 이어지는 마을로서 도곡동의 양지마와 음지마를 합하여 그리 부른다.

다. 감북골(甘北谷)흥림산 북쪽에 있는 마을로 감이 많이 나는 마을이라 하여 붙여진 이름이다. (조진영(71)제보)

라. 검소바위(玄岩)(석보지경)마을에는 검소라는 큰 소가 있는데 이

옆에 검소 바위가 있다. 마을 사람들은 이 바위를 아주 신령스럽게 여긴다. (김병의(62) 제보)

　마. 금대(琴臺)(입암 교리)-금대(琴臺;검두(횡성갑천, 감내))이 마을에서 제일 큰 마을이며 금(琴)씨 성을 가진 사람이 들어 와서 마을을 개척하였다고 하여 붙여진 이름이다. (우수암(63) 제보)

　바. 굽은갱이・곡강(曲江)(일월 곡강)/ 곱은갱이-강물이 구불구불 굽이쳐 흐르는 모양을 따서 굽은갱이・곡강이라고 부르고 있으며, 또 지형이 배 같이 생겨 지금도 우물을 잘 파지 않는다. 이유는 배의 밑바닥을 파면 배가 파선하기 때문이라고 한다. (윤봉일 (83) 제보)/곱은성 (曲城)/곱쾡이-곡쾡이.

　일월의 곡강 마을은 굽은갱이를 한자의 뜻을 빌어 적은 것이다. 여기 굽은갱이의 '갱이'는 강 마을의 뜻으로 새기면 된다. 이렇게 물의 특이한 흐름을 마을의 이름으로 삼은 경우의 본이 바로 안동의 물돌굽이 곧 하회(河回), 흥해의 곡강 마을, 영주의 물돌이동이라고 하겠다.

영양의 곡강

　곡강의 곡(曲) 또한 굽다와 대응되는 글자이다. 쓰기에 따라서 굽다-곱다는 같으면서 소리의 느낌이 다른 말로도 보인다. 곱다라고 함은 아름다움을 드러내기도 한다. 그럼 곱다의 본질은 무엇인가. 둥근 모양을 하고 굽으러져 있음에 그 터를 댄다. 곧은 것보다는 굽으러져 있는 모양이 더 아름답다. 굽음은 일종의 변화이며 한 쪽이 밖으로 나오면 그 다른 한 쪽은 휘어져 들어가게 마련이다.

곡강의 '강'을 내(川)의 개념으로 바꾸어서 굽다(곱다)의 어간 '굽–'과 함께 읽으면 굼내 혹은 곰내 혹은 감내가 된다. 자음접변으로 소리 나는 것도 본디 –ㅂ–의 바탕소리가 –ㅁ–임을 드러내는 것으로 볼 수가 있기 때문이다.

곱다의 곱–은 곰에서 비롯한 것으로 볼 수 있으며 곰–감–검으로 이어지는 낱말 겨레의 고리로 풀이할 수 있다. 가마실은 일월산의 굴우물에서 발원, 장군천으로 흐르는 물가에 있는 마을로서 가마(감)실–곱강–곰내–감내는 같은 뜻을 드러내는 낱말의 겨레들이다.

반변천의 경우도 예서 멀리 있지 아니하다. 갑절이라고 하거니와 이 '갑'도 감에서 비롯하니 결국 물신과 땅신을 중심으로 하는 신 본위 중심의 사회에서 갈라져 나온 개념이라고 하겠다. 이를 뒷받침해 주는 것은, 마을에서 부르는 이름으로 감천리를 가무내 혹은 감내라고 부르기 때문이다.

기원적으로 영양의 이름을 고은이라 하였다. 이를 이두식으로 읽으면 '곱은–고븐–고은'과 깊은 관계가 있다. 그러니까 영양은 곰강-반변천-감천으로 이어지는 반변천 때문에 생겨 난 삶의 터전이다. 검-곰-감을 물신, 땅신이라 하고, 곡강 마을의 본디 이름이 굽갱이에서 유래한다.

아울러 당진은 당신을 모시는 나루라는 말이 된다. 결국 영양의 북쪽에서 흐르기 시작하여 마을의 가장 중요한 물을 해결해 주는 젖줄이었으니 어찌 주요한 섬김의 대상이라 아니 할 수 있겠는가. 지금도 당진(唐津) 마을에는 도신목과 당집이 있으니 그럴 개연성은 얼마든지 있다. 글자대로라면 당 나루라고 하여 당나라와 무슨 걸림이 있다고 할 수 있지만 그럴 가능성은 전혀 없다.

같은 이름이기는 하지만 적히는 글자가 무엇이냐에 따라 표기의 갈래가 달라진다. 이제까지 들어 본 영양의 땅이름 가운데에서 한자의 뜻으로 중심을 한 땅이름들도 주목에 값한다.

(뜻으로 읽는 땅이름)
부곡(釜谷)(일월면)-상부곡. 하부곡/현암(玄岩)-검소바우/반변천(半邊川)-반벼로. 가무내. 감내(영양읍) 곡강(曲江)(일월/영일/하회)-물돌굽이. 굽은갱이. 굽갱이

문화란 공간과 시간, 사람에 따라서 변화한다. 한자가 들어와서 우리말을 표기함에 있어 한자의 소리를 중심으로 하여 적히게 되었다. 그러니까 우리말 중심에서 한자 중심으로 바뀌어 간 셈이

다. 이른바 훈독이란 한자를 중심으로 한 표기체제를 이름이요, 그러다 보니 완전히 우리말은 뒷전이 되고 한자가 판을 치는 세상이 된 것이다. 어찌하랴. 그러나 예서 말 수는 없지 않은가. 한글의 세계, 한글의 문화 영토를 늘려가야 한다, 우리는.

> 일월산이 높다던가 곡강물이 돌아들어
> 부인당에 달이 내려 옛 이야기 시냇물로
> 정겨운 산 개나리가 이야기를 흘려들어
>
> 삼의사 피 끓는 한 오늘에야 제자리를
> 바람 앞에 등불이라 푸른 하늘 가릴소냐
> 가무내 날아드는 새 시가 되고 가락임을

## 8. 여근곡(女根谷)과 모신

추운 어느 겨울날. 서라벌 이웃에 있는 영묘사(靈廟寺) 옥문지(玉門池) 못에 난데없이 개구리들이 모여 울어댔다. 여왕은 즉시 두 명의 각간(角干)에게 2천 명의 군사를 주어, 서쪽 부산(富山) 아래 여근곡에 진을 치고 숨어 있던 백제 군사 500명을 모두 죽였다. 신하들이 여왕의 슬기를 궁금해 하자 여왕은 말하였다. '성난 개구리는 병사(兵士)의 상이요, 옥문(玉門)은 곧 여인의 성이다.'(≪삼국유사≫)

여근곡

경주 건천에 가면 여근곡이 있다. 나라 안에서도 그만큼 여인의 옥문과 비슷한 지형을 찾아보기가 어렵다는 것이다. 이곳은 신라 선덕여왕의 지기삼사(知幾三事) 가운데 나오는 이야기다. 백제의 군사들이 숨어 있는 곳을 음양의 이치로 가려내 물리친 여근곡은 실재하는 역사의 현장이기도 하다.

일종의 성기 신앙과도 무관하지가 않다. 성기 신앙은 여성의 생산성과 깊은 상관성이 있다. 성기신앙에 대한 연구를 하는 어느 민속학자는, 풍수지리의 이론적 기초가 되는 음양사상의 궁극적 원리는 성에 있다고 보이기 때문에 결국 묘지신앙도 원시 사회에서부터 있었던 성 숭배, 즉 성기 신앙으로부터 분화, 발전돼 왔다는 것. 특히 묘터에서 말하는 좌청룡, 우백호의 지형 자체가 인간의 두 다리 사이의 모양이고, 산줄기가 끝나는 어름에 솟은 볼록 자리에 터 잡은 묘지를 명당으로 여기는 것과도 깊은 관련이 있다.

아울러 묘 앞의 붓처럼 생긴 문필봉을 좋은 형국으로 생각하는 것은 남성의 성 내지는 성적인 얼크러짐의 모양을 상징한다. 참으로 재미있는 풀이다. 신하들이 여왕에게 여근곡에 백제의 군사가 숨어 있을 것을 어떻게 알았느냐고 물으니,

"여성은 음이고 그 빛은 흰데, 흰색은 곧 서쪽을 뜻한다. 그러므로 서쪽의 여근곡에 적이 있음을 알았고, 또 남근이 여근에 들어가면 반드시 죽기 때문에 적을 쉽게 잡을 줄 알았다."

여근곡은 처음부터 풍수와는 무관한 일종의 성기신앙으로 봄이 온당하다. 사람들의 주목을 받기 시작했을 뿐이며, 오랜 세월이 지난 뒤에야 비로소 그곳에 대한 이런저런 풍수적인 해석이 덧붙여졌다. 이르자면 여근곡의 성기 신앙을 중심으로 하여 지명유래가 풍수를 곁들여 이루어진 것으로 보인다.

그 옛날 한양으로 과거보러 가던 선비들이 여근곡을 보면 재수가 없다 하여 애써 외면하면서 지나간다. 또한 새로 부임하는 경주부윤들이 그 모습을 보지 않기 위해 일부러 안강 시치재를 넘는 먼 길을 돌아 경주로 들어갔다.

마을 어귀에 큰 못이 있는 원신 마을에 이르면 주민들이 흔히 여산 혹은 암산, 소나무가 많다 하여 소산이라 부르기도 한다. 여근곡은 길고 둥근 모양의 두둑과 골이 절묘하게 어우러져 있어 마치 옥문 그 자체를 보는 듯하며, 그것을 둘러싸고 있는 지세는 여인의 골반을 연상케 한다.

> 암수가 어우러져 생명의 빛 너울거려
> 하늘의 뜻 어디 두고 꽃을 팔고 사는 세상
> 하 그리 못되게 굴다간 코뿔소가 되고 말 걸

옛날부터 바로 그 여근곡 골짜기 한복판 밑에서 사시사철 샘물이 솟아나는 것을 보고, 사람들은 음기가 새기 때문에 그 마을에 바람난 처녀가 많다는 이야기를 한다. 알고 보면 여근을 잘못 건드리면 동티가 난다 하여 조상 대대로 그 어름의 숲을 잘 가꾸고 다듬었다.

유학사 바로 오른쪽, 이른바 옥문의 나들목에 해당하는 곳에 무덤 셋이 나란히 자리를 잡고 있다. 그곳에 한참 동안 앉아 있어 보면 여근곡에서 뿜어내는 습한 기운을 느낄 수 있다.

사람들은 뭔가 재미를 좋아한다. 골짜기 옥문의 가운데 자리에 생수를 받아 마시는 시설을 해놓았다. 막상 물맛을 보면 그저 그렇다. 유학사 마당 한쪽 구석에 세워져 있는 남자의 성을 상징하는 남근석이 눈에 띤다. 일종의 보형물이다. 그것은 여근곡의 드센 음기를 중화시키기 위해 만든 일종의 풍수상 보국으로 나쁜 기운을 막아주는 것이다.

사람들로 하여금 성적인 흥취를 먼저 생각하도록 한다는 점은 있지만, 전해 오는 풍수에서 관례적으로 써오던 방법이었다. 그러나 절 마당 한가운데에 우뚝 서있는 수백 년 된 단풍나무는 분명히 문제가 있다.

나무가 땅에서 솟아 있는 모습을 생각하면 이 또한 여성의 오목한 옥문과 남성의 볼록하게 솟아 나온 남근을 미루어 짐작할 수 있다. 땅과 물이란 어머니 같이 먹거리를 생산하고 뭇 목숨들을 보듬어 길러 주는 그런 지모신이다. 그는 언제나 푸른 풀밭에 물을 대며 계절을 따라서 꽃을 피운다. 지모신은 보이지 않는 손이니까.


## 9. 까마귀의 예언

가마괴 눈비 맞아 희는 듯 검노매라
야광명월이 밤인들 어두우랴
님 향한 일편단심이야 고칠 줄이 이시랴
                              −'박팽년'에서


검은 까마귀가 눈비를 맞아 잠시 희게 보일지 모르지만 본디 그 검은 빛을 감출 수는 없다. 깍깍거리고 운다고 하여 그리 이름을 붙였는지 아니면 검은 새니까 그리 붙였는지 정확하게 알 수는 없다.

자신의 곧은 절개와 임금을 향한 충성심을 노래한 글이다. 어쩐지 까마귀는 흉조라 하여 까마귀가 울면 누구인가 죽거나 나쁜 일이 일어날 것이라는 나쁜 예감을 갖기도 한다.

한국 전쟁 때의 일이다. 싸움 통에 빨갱이로 몰려 많은 양민들이 죽어 골짜기에 떼죽음을 당한 골짜기에 까마귀들이 울며 날아들었던 기억이 난다.

《삼국유사》의 사금갑(射琴匣) 조에 이르면, 신라 소지왕 10년(488)에 까마귀가 울면서 왕을 인도함으로써 내전에서 향을 사르는 중이 왕비와 간통하고 있는 것을 찾아내 활로 병풍을 쏘아 단죄를 하였다. 이로부터 까마귀 날과 까마귀밥의 풍속이 생겼으며 정월 대보름 행사는 까마귀가 궁중의 불상사를 미리 알린 데서 왔다고 한다.

세 발 달린 까마귀를 삼족오라 한다. 태양의 정기가 뭉쳐서 생긴 신비한 새로도 알려졌다. 연오랑 세오녀의 이야기에서도 주인공 이름에 까마귀 오(烏)자 새가 들어 있다. 제주도 신화 차사 본풀이에는 다음과 같은 이야기가 전한다.

하늘이 인간의 수명을 적은 적패지(赤牌旨)를, 까마귀로 하여금 인간 세상에 전하도록 하였다. 그런데 마을에 이르러 이것을 잃어버린 까마귀가 자기 멋대로 외쳐댔기 때문에 어른과 아이, 부모와 자식의 죽는 순서가 뒤바뀌어 사람들이 무질서하게 죽어갔다.

이 때부터 까마귀의 울음소리를 불길한 징조로 받아들이기 시작하였다는 것이다. 중국에서는 검은 까마귀는 불길한 새로 여기지만, 붉은 색이나 금색을 한 까마귀는 해와 효도를 뜻한다.

한 해의 운세를 보는 데 까마귀를 사용한 예도 있다. 아랍인은 까마귀를 예언의 아버지라 부르며 오른쪽으로 나는 것을 길조, 왼쪽으로 나는 것을 흉조로 믿었다. 유럽에서도 까마귀는 일반적으로 불길한 새이나 일본에서는 까마귀가 행운을 가져다주는 새로 여긴다.

북유럽 신화에서는 까마귀가 최고신 오딘의 상징으로 슬기와 기억을 상징한다. 반면에 그리스도교에서는 사람으로 하여금 죄를 저지르게 하는 악마의 새이다. 북태평양 지역에서는 까마귀가 신화적 존재로 여겨졌다. 시베리아의 투크치족·코랴크족과 북아메리카의 북서 태평양 연안 아메리카 인디언들 사이에서는, 까마귀는 세상을 만든 조물주가 변한 새라 하여 창조 신화의 주인공으로 이야기한다.

## ❏ 신은 검정

흔히 저승사자는 검정 옷을 걸치고 나타난다. 아무도 신의 세상에 대하여 잘 알 수가 없다. 엉큼한 이를 가리켜 속이 검다고 한다. 여기 '검다'의 어원은 신 그 가운데도 땅의 신을 뜻하는 감으로부터 비롯된 것으로 보인다. 서정범은 일본어와의 대응으로 보아 걸 혹은 갈에서 비롯하였을 것으로 보았다.

일반적으로 명사에 다른 말 조각들이 붙어 동사나 형용사가 이루어지는 예가 많은 것으로 미루어 볼 때, 검(감)에 접미사 −다가 합하여 검다 또는 감다가 이루어진 것으로 보인다. 최남선의 ≪신자전≫에서도 신을 검이라고 하였는바, 검다는 바로 이 검에서 나온 것으로 상정할 수 있다. 기원적으로 곰과 소리가 비슷한 곰-검-감으로 그 소리가 바뀌어 쓰인 것은 아닌가 한다.

처음 수렵문화 시기의 곰 혹은 검은 짐승이자 숭배의 대상인 곰 토템이었지만 농경 문화 시기로 접어들면서 차츰 소리는 같되 뜻이 달라진 거북이로 바뀌어 물신과 땅신을 드러내는 상징어가 된 것이다.

부산의 구포(龜浦)를 달리 감동포(甘同浦)라 함에서 상당한 암시를 받을 수가 있다(대동지지). 감동포를 우리말로 이르자면 감동개 혹은 감동이라고 할 수 있다. 여기 감과 거북을 드러내는 한자 구를 같은 뜻으로 썼을 가능성이 높기 때문이다.

무릇 색이란 하늘의 태양으로 말미암는 흰색과 흙의 색인 검정으로부터 여러 가지 색들이 갈라져 나온다. 태양의 주황색과 물의 푸른색이 어우르면 풀색이 나온다. 물과 불은 생명의 기원이고 여기서부터 모든 에너지가 움터 오른다. 한 마디로 희다의 희-는 달리 시다라고 한다. 머리가 희다를 머리가 시다로 하는 사람들이 많이 있음을 우리는 쉽게 만날 수 있다.

희다의 '희'는 해이고 그 변이형이 시다의 '시'다. 날이 새다의 새는 다름 아닌 해이며 모든 힘의 원천이 바로 해가 아닌가. 힘

또한 그러하다.

우리나라 국기의 태극을 보면 검고 흰 것이 바탕을 이룬다. 태극은 음과 양이 서로에게 조화를 이룬다. 그리고 그 모습은 지구에 태양의 빛이 내리쬐면 지구의 반쪽은 낮이고 반쪽은 밤이 되는 것처럼 계속하여 변한다.

이 낮과 밤은 서로 자리를 바꾸어가면서 끊임없이 변한다. 이것이 바로 음과 양의 이론적인 현상이 되기에 이른다. 물체가 아주 멀어지면 검게 보인다. 동양화 그림의 수묵화를 보면 모든 산들이 검게 보인다. 물론 정도의 차이를 두어 진하고 묽기를 어우른다. 산 위에서 높이 올라가 내려다보면 모든 것들이 검게 보임을 알 수 있다. 심리학자 융은,

"천문학적으로 토성은 연금술적 의미에서 검정색이라 여긴다. 그리고 검정은 비밀스러운 존재로서 이중성을 갖는다. 즉 그것은 겉은 검지만 속은 희다. 사투르니아에서 흘러나오는 맑은 물은 가장 완전한 물이며 우주의 꽃이다."
라고 하였다. 어찌 보면 검정 속에 흰 것도 있고 흰 것 속에 검정도 있다고 하면 무리일까.

노자는 우주색을 현(玄)이라고 하여 검정색으로 풀이한다. 현자의 모양이 검정 새끼를 꼬아 놓은 형상이라는 것이다. 무언가 서로 다른 두 물체들이 함께 만나 만들어 냄으로써 만물의 생성을

풀이하고자 하였던 것이다.

도(道)는 도이지만 항상 도는 아니다. 이름은 이름이지만 항상
똑같은 이름은 아니다. 천지의 시작에는 이름이 없었고, 만물의
모태가 있고 나서 이름이 생겼다. 늘 욕심이 없이 보면 그의 묘한
것을 볼 수 있고, 늘 욕심으로 보면 그 교를 볼 수 있다. 교와 묘
이 두 가지는 동일한 것에서 나온 두 개의 다른 이름이다. 이 동일한
것을 검을 현이라고 한다. 검고도 검은 것은 모든 묘한 것이 나오는
문이다. 즉 검을 현이라는 것은 모든 존재가 나오는 문이다.

노자의 글이다. 우주 만물을 바라다보는 그의 만물 생성관이다.
감은 땅신이요, 물신이며 생명신이다. 온갖 숨붙이들을 태어나게
한다. 노자의 현빈(玄牝)도 모든 것의 모태가 된다. 모태 안은 언
제나 어두운 가운데 새로운 생명을 낳는 것이 아닌가.

죽음은 검은 색이다. 한 알의 밀알이 썩어야 다른 생명이 움트
듯이 하나의 개체가 죽어야 또 다른 씨앗들이 돋아나 되살아나는
섭리로 이어져 나아가는 것이다.

신은 검이고, 여기서 갈라져 나온 말이 검정이다. 모든 씨앗은
물과 땅신이 다스리는 공간에서 생성되는 열매들인 것이다. 그러
니까 가을걷이가 끝나면 신에게 감사를 드린다. 일종의 갚음의식
이다. 해서 생긴 것이 한가위 명절이 된 셈이다.

한가위의 가위는 기원적으로 가배-가애-가위로 되었는바, 가

배는 가운데를 뜻하는 갑-에서 비롯되었고 갑은 다시 생명의 신이던 감-에서 말미암은 것이니 결국 한가위의 정신은 신의 은혜를 갚는 추수감사라고 할 수 있다.

> 밝고 검게 어우르면 밤이 가고 낮이 옴을
> 아무도 모르라고 참새 어찌 대붕 뜻을
> 거룩한 배달의 나라 해가 지면 달이 떠

## 10. 한가위는 갚음 의례

> 왕이 6부를 정한 뒤, 사람들을 두 패로 나누어서 두 딸에게 한 패씩을 거느리고 7월 16일인 기망(旣望)부터 8월 15일까지 길쌈을 하도록 하였다. 그 공의 많고 적음을 보아 진 편이 이긴 편에 먹거리 이바지를 하고 이어 노래를 부르고 놀았으니 이를 일러 가배(嘉俳)라 하였다.(≪삼국사기≫, 신라 유리왕)

이야기는 한가위의 유래를 풀이하는 대목이다. 그저 단순한 길쌈 겨루기나 하고 그에 따른 노래와 춤을 즐긴 것만 같지는 아니하다. 그 이전에도 농사가 시작하고 끝이 날 때 우리 겨레들은 영고나 무천 같은 행사를 하였다는 기록이 있다. 추수와 한 해의 안녕과 번영을 비는 축제는 벌써 훨씬 이전부터 자연발생적으로 전해 왔던 것이다.

한가위는 우리 겨레의 가장 큰 명절이다. 흩어져 살던 가족들이 모여든다. 솔잎을 넣어 동그란 햅쌀로 빚는 송편도 만들고 먹음직한 열매들을 상에 올려 돌아가신 조상신에게 제사를 드리고 한 해 동안의 삶에 대하여 하늘신과 땅신에게 감사를 드리는 그런 명절이 아니겠는가.

옛부터 이를 일러 천신(薦新)이라 하였다. 아무리 어려워도 한가위 천신은 해야지 하는 어른들의 말씀을 들으면서 자랐다. 어린 시절 새 신을 사달라고 떼를 쓸 아버지도 없이 자란 나였지만 그래도 추석이 될라치면 공연히 마음이 들뜨곤 했던 기억들. 어쩌다 추석날 저녁 달맞이라도 하고 추석 어름쯤으로 해 신파극이 동네 공회당 마당에서 벌어지면 저녁도 안 먹고 구경을 갔던 일들이며.

한 해의 농사란 정말로 힘든 과정이다. 잘 되었나 싶으면 저 무시무시한 매미 같은 바람이 불어 휩쓸고 가기도 하고 너무나 비가 오지 않아 가물어 타 들어가나 아무런 손도 못 쓰고 논과 밭을 바라보아야 하는 농사짓는 이들의 마음. 그렇게 해서 나온 쌀로 먹고사는 우리들은 어찌 보면 하늘과 땅신에게 그지없는 고마움을 돌려야 하지 않겠는가. 한가위란 한가배에서 비롯된 이름이다. '한'은 가장 크다는 말이요, '가배'란 보름이란 말이다. 그러니까 가장 큰 보름날이란 뜻이 된다. 가배가 어떤 이유에서 보름이란 말인가. 가운데를 뜻하는 '갑'에 말 뒤에 붙는 접미사 '-애'가 녹아 붙어 이루어진 말이 가배다.

한 달의 가운데가 15일이요, 바로 보름달이 뜨는 날인 것이다. 보름도 밝음에서 비롯하였다. 밝음은 밝다의 밝-에 음이 붙어 이루어진 말이다. 여기 밝-은 곧 불에 그 말미암음이 있다. 불의 속성은 빛이요, 가장 큰 불 -빛이 태양이라면 그 다음쯤 되는 것이 달이고 별이다.

옛말로 불은 블이었다. 말끝에 기역이 붙는 특성이 있는 말이라서 븕이 된 것이며 여기에 -음이 붙어 이어지면 블곰이 되고 다시 브롬-보름이 되기에 이른다.

그럼 '갑'은 어디에서 온 말인가. 이는 다름 아닌 신을 뜻하는 '감'에서 온 것으로 보인다. 신 본위 사회에서 모든 일의 중심이 감이었으니까 너무나 당연한 귀결이다. 달은 때만 되면 사라졌다가 다시 떠오른다. 달은 이른바 재생의 상징으로 각인되어 많은 전설의 구심이 되어 왔다. 달리 표현하면 봄과 같은 부활의 신으로서 지모신의 구실을 하게 된 것이다.

신이 감이라면 가운데를 뜻하는 형태는 갑-으로 발전되었으며 다시 갚다의 갚-으로 이어져 하나의 낱말 겨레를 이룬 것이다.

사람들의 마음이 그렇게 투영된 것일지라도 달에 대한 믿음은 언제나 겨레의 집단 무의식 속에 살아 마음의 고향으로 자리 잡게 되는 것이다. 옛날 곰이 단군의 어머니였고 고마(곰)에서 어머니가 온 것이라면 한가위의 감도 곰과 무관하지 않다고 본다. 다만 곰을 적을 한자가 없어서 여러 가지 한자로 적혀 전해올 뿐이다.

> 팔월 보름은 아 가배 날이건만
> 임과 함께 해야만 오늘이 가배 날이 될 것이다
> 아 動動다리
>
> —'동동'에서

한가위와 관련한 민속놀이가 지금도 전해지고 있다. 가령 강강수월래라든가 거북놀이와 소놀이, 그리고 씨름놀이, 햇곡식의 이삭을 한 줌 베어다가 기둥에 달아두는 올게심니, 그밖에도 가마싸움 같은 놀이들이 있다. 하루가 다르게 농촌 사회의 풍속이 바뀌어가곤 있지만. 한가위는 조상신과 땅신과 하늘신에 대한 감사표현이요, 은혜 갚음의 상징인 것이다.

> 어화둥둥 좋을시고 한가위만 같을시고
> 초가삼간 달이 뜨면 두 손 모아 하느님 전
> 술래를 돌다가 보면 밤이 깊고 달은 지고

# 제5장

# 어머니의 메아리

　이제까지의 이야기를 동아리 지으면 단군의 어머니의 고마에서 소리가 바뀌어 오늘날의 어머니가 된 가능성을 알아보았다. 어머니 곧 고마는 단순한 여인으로서가 아닌 거룩한 신성을 지닌 생명의 텃밭임을 드러낸 우리 겨레의 상징이요 화두가 된다. 우리 겨레가 살아 있는 한 어머니는 우리 삶의 둥지요 씨알이다. 이제 어머니와 관련해 전하여 오는 이야기들을 살펴보도록 한다.

## 1. 무악재의 굽이굽이

　이수광 선생의 ≪지봉유설(芝峯類說)≫의 모악산의 유래는 이

러하다. 세상에서 이르기를, 바위가 어린아이를 업은 어미 같다
하여 부아암(負兒岩), 이 산을 어미산이라 하여 달아나려는 아이
를 달래게 함이고, 남쪽에 있는 고개를 벌아령(罰兒嶺)이라 한 것
은 아이가 달아나지 못하게 막고자 함이었다. 모악의 서쪽에 있
는 고개를 떡전 고개라 하는 것도 떡으로 아이를 달래 머물게 함
이었다.

　여기서 말하는 부아암은 북한산 인수봉을 가리키고, 벌아령은
약수동에서 한남동으로 넘어가는 고개와 한남동에서 장충단으로
넘어가는 고개를 이른다. 떡전 고개는 아현동의 애오개를 말한다.
다시 말해 북한산 인수봉이 어린아이를 업고 밖으로 나가려는 형
세이므로 아이를 달래기 위하여 그 안산을 어머니 산이라고 부르
게 되었다.

인왕산

여기 애오개는 배고
개에서 소리가 약해지
고 떨어져서 굳어진 이
름이다. 아마도 예전에
는 이곳에 배가 많이
났거나 아니면 배처럼
생겼다 하여 붙여진 고
개 이름이다. 모악재는

흔히 무악재라 부른다. 이 고개를 모악현이라 하였다.

또 모래재 곧 사현이라고도 이른다. 고개 북쪽 지금의 홍제동 언저리에 신라시대에 창건된 사현사라는 절이 있었기 때문이다.

더러는 길마재라고도 한다. 무악이 두 개의 봉우리로 되어 있어서 멀리서 보면 두 봉우리 사이가 잘록하여 마치 말안장 같이 생겼기 때문에 말안장 고개 곧 길마재 하고, 한자로 안현(鞍峴)이라 한다. 조선 명종 때의 풍수 예언가인 남사고는, 서울 동쪽에 낙산(駱山)이 있고 서쪽에 안산(鞍山)이 있으니, 말과 그 안장이 같이 있지 않고 서로 대치하고 있는 형국으로 풀이하였다.

앞으로 조정 신하들이 당파를 지어 동·서로 나뉠 징조이다. 동쪽 낙산의 낙자는 곧 각마(各馬)가 되니 동인은 서로 갈라지게 되고 서쪽 안산의 안자는 곧 혁안(革安)이 되니 서인은 혁명을 일으킨 후에 안정될 것이다.

과연 그의 글자 풀이대로 당시 동인과 서인이 서로 대립하는 가운데 동인은 남인과 북인으로 나뉘어졌으며, 서인은 인조반정을 일으켜 광해군을 몰아낸 후 오랫동안 정권을 잡게 되었다. 안산과 낙산의 이름이 기묘하게 맞아떨어진 것이다.

여기서 동인은 김효원을 중심으로 한 사림파로서 그의 집이 낙산 아래 건천동에 있었기 때문에, 서인은 심의겸을 중심으로 한 훈구파로서 집이 정릉방에 있었기 때문에 붙인 이름이다.

달리 무악재를 추모현(追慕峴)으로도 부른다. 그 내력은 조선왕조의 영조 임금은 경기도 고양군 신도읍 용두리에 아버지 숙종의 명릉 만들기를 끝내고 한성으로 돌아오는 길에 이 고개에서 명릉 쪽을 바라보면서 아버지 생전 모습을 그리워하며 울었다 하여 고개이름을 추모현이라 불렀다.

한편 조선을 세운 태조 이성계가 새 도읍 터를 찾기 위하여 사람을 보내 남경 일대를 답사할 때 무학대사가 이 고개를 자주 넘나들었으므로 고개 이름을 무학현(無學峴)으로 불렀다고 한다. 또는 홍제동 쪽에서 이 고개를 넘으면 중국의 사신이 머물던 모화관이 있었으므로 고개 이름을 모화현이라 하기도 했다.

이 고개를 봉화재 또는 봉우재라 하기도 하였다. 그것은 무악 두 봉우리에 봉수대가 있었기 때문에 봉수대가 있는 고개라는 뜻으로 봉화재가 되었고, 세월이 가면서 음이 변하여 봉우재로 불리었다.

### ❏ 이괄의 무악재 싸움

무악재 하면 이괄의 난을 빼놓을 수 없다. 이괄의 난은 인조 2년(1624) 1월 부원수 겸 평안병사인 이괄이 일으킨 내란이다. 이 난을 평정하는 결정적 실마리를 푼 것이 같은 해 2월 11일 무악 싸움에서였다.

이괄은 야망에 불타는 군인이었다. 그가 광해군 15년(1623) 광해군을 폐하고 인조를 즉위시킨 인조반정에 가담한 것은 이귀와 김류의 권유 때문이었다. 그는 북병사로 부임하기 직전 반정계획에 가담하였고, 한 때 반군의 대장에 추대되는 등 수훈의 공을 세웠다.

그러나 그는 반정 직전부터 김류와 갈등이 있었고, 또한 반정의 성공 이후 논공행상에서 반정계획에 늦게 참여하였다 하여 2등 공신에 책정된 데다 한성부 판윤에 임명되자 불만이 더욱 높아졌다. 곧 이어 관서지방에 오랑캐가 침입할 염려가 있다 하여 그를 도원수 장만의 부하인 부원수 겸 평안병사로 좌천시키자 그의 불만은 더욱 커져 인조 2년(1624) 1월 반란을 일으키게 되었다.

조정에서는 반란 음모를 미리 알고 한성에 있던 이괄의 아들을 체포하였다. 이괄은 휘하 장수인 기익헌·이수백과 구성부사 한명련 등과 함께 영변에서 반란을 일으켜 일만 이천 명의 군사를 이끌고 먼저 개천을 점령하고 한성으로 쳐들어갔다. 이에 조정에서는 영의정 이원익을 도체찰사로 삼아 대응하는 한편 반군과 내통할 것을 근심하여 한성에 있던 이괄의 동생 이돈 등 49명을 무참하게 죽여 버린다.

반군은 황주·평산 등지에서 뒤쫓아 온 도원수 장만의 관군을 물리쳤으며, 특히 저탄에서는 정부에서 파견한 토벌군과 장만의 추격군이 합세한 군단을 크게 물리쳤다. 이어 반군이 개성·벽제에 이르렀다는 소식이 오자 인조는 공주로 피난길을 떠났으며, 한성은 반군에게 점령되었다. 이괄은 영변에서부터 한성에 이르기까지 관군의 강한 반격이나 저지가 예상되면 사이 길을 택하였고, 그 행군 속도가 대단히 빨라 관군의 혼란을 가져 왔다.

영변을 출발한 지 20일이 못되어 반군의 선봉기병 30명은 한성에 도착할 수 있었다. 도성 안은 이미 그 전날 인조와 조신들이 공주로 떠난 뒤였으므로 아무런 저항 없이 입성하였다. 이괄은 경복궁 터에 군대를 주둔시키고 선조의 열 째 아들 흥안군을 새 왕으로 추대하였다.

도원수 장만의 군사와 각지 관군의 연합군은 이괄 군의 뒤를 좇아 서울 근교에 이르러 의논 끝에 지리상 유리한 무악에 진을 쳤다. 관군이 무악에 진을 치게 된 것은 방어사 정충신의 아래와 같은 주장에 따른 것이었다.

병법에 따르면 북쪽 산을 먼저 점거하면 이긴다. 안령을 점거하여 진을 치면 도성을 내려다보게 되니 적이 덤비지 않을 수 없을 것이고, 적은 쳐다보고 공격해야 하고 정부군은 높은 지점에서 싸우게 되니 틀림없이 적을 부술 수 있다는 것이었다.

그의 주장에 따라 관군은 무악에 진을 치기로 결정하였다. 이 때 군사 이동을 밤에 하였는데, 이날 밤 동풍이 어찌나 심하게 불었던지 밤새 이동하면서 말발굽 소리가 요란하였는데도 성안에서는 전혀 눈치를 채지 못하였고, 다음날에야 관군이 무악을 점거했다는 사실을 알게 되었다고 한다. 이 때도 정충신의 지략이 큰 공헌을 하였다.

먼저 무악의 봉수대를 점령한 다음 속임수로 저녁 일찍 후방에 아무 일이 없다는 신호로 봉화를 한번만 올리게 하여 반군으로 하여금 안심하게 하는 한편 관군의 진영을 가다듬을 시간을 벌게 하였던 것이다.

관군이 무악을 점령한 사실을 다음날 2월 11일 아침에야 알게 된 이괄은 관군의 세력이 작은 것을 깔보고 도성 내 관민들에게 포고하기를,

"장만의 군대쯤은 단숨에 무찔러 보이겠노라."

"싸움을 구경하고자 하는 자는 누구나 성 위에 올라 구경하라."

라고 큰소리치며 지금의 적십자병원인 옛 경기감영 터 어름에서 군대를 좌우로 나누어 한 대는 애오개를 지나 대현 쪽에서 진격하게 하고 다른 한 대는 지금의 동명여학교 자리인 경기중군영 어름에서 무악을 향해 치달아 올라가게 하였다.

그리하여 양편 군대는 무악산정에 가까운 험준한 비탈에서 싸우게 되었다. 이 때 무악전투는 인왕산 곡성에서부터 남산에 이르는 성벽을 따라 빼곡히 모여든 사람들이 지켜보는 가운데 벌어졌

다. 곡성에서 남산까지의 성에는 구경꾼들로 인해 마치 백로 떼가 앉아 있는 것 같았다.

마침내 전투가 벌어졌다. 처음부터 동풍이 세차게 휘몰아쳐 반군은 순풍에 돛을 단 듯 바람을 타고 공격을 할 수 있었다. 관군은 죽기로 싸웠으나 수십 보 후퇴하지 않을 수 없었다. 화살과 탄알이 비 오듯 하였으며 반군에게 유리한 가운데 전투가 무르익어 갈 무렵 갑자기 바람의 방향이 바뀌었다.

동풍에서 서북풍으로 바람의 방향이 바뀌자, 무악정상을 쳐다보고 공격하던 반군은 바람머리에 위치하게 됨에 따라 황사 먼지와 모래로 눈을 뜰 수가 없었다. 하늘은 이괄의 편이 아니었다.

이에 관군은 용기를 얻어 공격을 가하니 전세는 뒤바뀌었다. 이 날 오전 여섯 시 무렵인 묘시에 시작된 전투는 네 시간 남짓 치열하게 벌어졌다. 싸움은 관군의 대승으로 끝났다. 반군 400여명이 죽고 300여 명이 포로가 되었다. 이 후 싸움이 벌어졌던 무악의 동쪽 봉우리를 승전봉이라 하였다.

무악전투에서 관군이 승리할 수 있었던 것은 무악재는 좌우의 높은 산 사이에 낀 급경사진 골짜기인데다, 음력 2월 중순은 계절풍인 서북풍을 타고 중국대륙의 황사가 짙게 날아드는 시기인지라 지리적 특성과 계절풍이 관군을 도운 것이다.

싸움에 진 반군은 달아나 민가에 숨기도 하고 마포 서강으로 달아나 강물에 빠져 죽는 자도 있었다. 또한 도성민들이 돈의문과 서소문을 닫아버리는 바람에 나머지 반군들은 곧바로 성내로 들어오지 못하고 돌아서 숭례문을 통하여 성안으로 후퇴하였다. 이괄은 나머지 수백의 기병과 함께 광희문을 빠져 나와 도망하였고 다음날 2월 12일 삼전도를 거쳐 경기도 광주에 이르러 목사 임회를 죽이고 이천 묵방리에 이르렀다.

그러나 이괄은 이곳에서 그의 부하 기익헌·이수백 등에게 아들과 아우와 함께 살해되었다. 공주로 피난 갔던 인조는 2월 19일 공주를 떠나 2월 22일 한성에 돌아왔다. 이괄의 난은 반군이 왕도까지 침입하여 국왕이 남쪽으로 피난 가는 사태에 이른 조선왕조 초유의 반란사건이었다.

임진왜란으로 인해 쑥대밭이 된 한성은 미처 재건되기도 전에 내란을 치러야 했다. 또한 임금의 피난으로 공백이 생긴 한성은 무질서와 혼란에 빠져들었다. 이 때 창경궁의 통명전·양화전·환경전 등의 전각이 불타버렸다. 나라밖으로 이 난은 청나라와의 관계에 엄청난 영향을 일으켰다.

이괄의 부하 한명련의 아들 한윤 등이 청나라로 도망하여 청나라를 충동하여 인조 5년(1627) 정묘호란을 겪게 된다. 무악재는 또한 임진왜란 때 선조 일행이 북으로 피난가면서 넘었던, 민족의 애환이 서린 고개이기도 하다.

선조 25년(1592) 임진 4월 14일 부산에 상륙한 왜군이 대나무 쪼개지듯 서울로 진격해 오자, 조정에서는 4월 29일 어전회의를 열고 평양으로 피난길에 오르게 된다. 이에 선조는 이튿날 4월 30일 비 내리는 새벽 오늘의 서대문 자리인 돈의문을 지나 무악재를 넘었다. 이 때 임금의 행렬은 선조와 세자, 그리고 왕비와 함께 이항복·이산해·유성룡 등 100여 명의 신하들이 뒤를 따랐다.

## □ 무악재 호랑이

오늘날의 무악재는 통일로로 이어지는 큰길이지만 80여 년 전만 해도 혼자서는 넘어가지 못할 험하고 무서운 고개였다. 고양 땅의 나무꾼들이 넘어 다녔던 무악재는 서울에서 가장 험난한 고개로 이름나 있었고, 가끔 호랑이가 나타나 행인을 해쳤다 한다.

백두산 호랑이

나라에서는 서대문 독립공원 자리에 유인막 (留人幕)을 설치하여 군사들을 주둔시켰다. 군사들은 행인들을 유인막에 머물게 했다가 10여 명이 되면 고개 너머까지 호송하는 것이 임무였다. 그것도 그냥 넘게 하는 것이 아니라 유인막에 주둔하는 군사가 화승총을 들고 앞장서서 행인들을 선도하였고, 비오는 날이면 화승총이 쓸모가 없기 때문에 총 대신 활과 살통을 메고 행인들을 호위하였다.

그런데 언제부터인가 유인막을 지키는 군사들이 행인들에게서 돈을 받기 시작하였다. 물론 이것은 공식적인 것이 아니었다. 유인막이 생긴 것은 호랑이 때문이었지만 이 유인막이 그토록 오래 지속된 것은 호랑이 때문이 아니라 검은 손이 있었기 때문이었다.

고개를 무사히 넘게 해주는 대가로 받는다는 월치전(越峙錢)이라 불리었던 호송료를 걷는 것은 그 정도가 너무 심하였다. 일종의 재너미 돈이랄까. 한심한 일이었다.

"군사면 유인막 군사냐."

라는 말이 나올 만큼 부수입이 좋아 다른 군사들의 선망의 대상이 되었다 한다. 반대로 사람들 사이에는,

"호랑이보다 유인막 호랑이가 더 무섭다."

라는 말까지 나돌았다. 개화기 때만 해도 군대의 임무 중 하나가 호랑이의 해를 막아주는 일이었다. 한말의 군대 복무규정이라고 할 병서에 호랑이 잡는 일이 기록되어 있다. 이에 따르면 사람을 많이 잡아먹은 사나운 호랑이를 잡으면 장교는 승진시키고, 졸병이면 면포 20필을 주고, 종이면 그 부역을 면제해 주었다.

잡은 호랑이 가죽은 본인에게 주었다. 사람을 해치는 호랑이가 아니더라도 큰 호랑이를 잡은 이는 면포 10필을 주고 잡은 호랑이의 크기에 따라 상으로 주는 면포의 필이 정해졌다. 이를 보더라도 당시 호랑이의 피해가 얼마나 컸었는지를 짐작할 수 있다.

이 밖에 무악재에는 호랑이에 얽힌 이야기가 많이 전해져 온다.

지금으로부터 수백 년 전 한성부 판윤을 지낸 박창선의 조상 가운데 효성이 지극한 분이 있었다. 이 사람은 어머니가 세상을 떠난 뒤부터 하루도 빠짐없이 한성에서 고양 땅 신도 마을에 있는 어머니의 묘소에 성묘하였다. 이 날도 박씨가 어머니의 묘소를 향해 가고 있는데, 무악재에 이르자 어두컴컴한 숲 속에서 갑자기 호랑이 한 마리가 나타났다. 박씨가 깜짝 놀라

"나는 어버이를 뵈러 가는 길이다. 잡아먹으려거든 잡아먹어라." 하고 큰소리를 쳤다. 그러자 호랑이는 박씨 앞으로 다가와서 너부죽이 엎드리더니 등에 타라는 몸짓을 하였다. 박씨는 호랑이 등에 탔다. 박씨를 태운 호랑이는 산봉우리를 몇 개나 넘어 달렸고 이윽고 도달한 곳은 박씨의 선친 묘 앞이었다. 그제야 마음을 놓은 박씨가 묘소에 참배하였는데, 호랑이는 다시 박씨에게 타라는 시늉을 하였다. 박씨는 올 때와 같이 호랑이 등에 타고 무악재까지 왔는데, 호랑이는 박씨를 내려놓고 어디론가 사라져 버렸다.

그리고 다음 다음 날도 박씨가 무악재에 이르면 그 호랑이가 나

타나 그를 태우고 다녔다. 이렇게 하기를 몇 해가 지났고 박씨가
병들어 죽자 그 역시 고양 신도 마을 선산에 묻힌다.

훗날 집안사람들이 박씨의 무덤에 가 보니 큰 호랑이 한 마리가
죽어 있었다. 이 이야기가 대궐에까지 들리자 임금이 감탄하여 하
늘이 내린 효자라 하여 하사금을 내려 묘 옆에 사당을 짓고 효자
정문을 세워 주었다. 이 때부터 그 부근 마을을 효자리라 하였다.
오늘날로 이르자면 고양 땅 신도면 효자리 마을이다.

> 나그네를 지켜준다 월치전이 웬말인가
> 범보다 무서운 게 유인막의 군사로다
> 황금에 눈이 먼 것은 예 오늘이 다를까
>
> 어둔 밤을 봉화 들어 봉우재에 올렸노라
> 오가는 이 반갑다고 부엉새가 울었다네
> 가는 이 보내는 이가 아리랑에 한을 씻어

## 2. 사모산의 조 낭자

영천에서 북천을 건너 쳐다보면 상계동 뒤편에 그리 높지 않은
세 개의 산봉우리가 있다. 금호 쪽으로 있는 두 개의 봉우리는 유
사시에 횃불을 들던 봉화산이고 나머지 한 봉우리는 조 낭자의 애

틋한 사연을 간직한 곳이다.

오늘날에도 산꼭대기에는 낭자의 무덤이 외롭다. 때는 조선 왕조 중엽, 새로 부임한 영천의 조 군수는 본디 서울 사람으로 서울에 주로 있다가 처음 지방의 원님으로 오게 된다. 온 가족이 다 옮겨오기도 어렵고 하여 딸 하나만 데리고 영천 임지로 부임을 하였다.

군수의 딸은 아름다웠다. 하루는 멀리 서울의 어머니를 생각하며 천천히 연꽃이 피는 뜰을 거닐고 있었다. 그런데 갑자기 어떤 젊은이가 앞을 가로막는 것이었다. 별당에 웬 사나이가 들어 왔으니 참으로 뜻밖이었다. 마침 아래 사람들도 관아에 바쁜 일이 있어 없으니 이를 어떻게 할 지 난감하였다.

"누구세요."

"놀라지 마십시오. 옛날 이 집에 살던 사람인데 낭자께서 하도 아름다워서 나도 모르게 찾아 온 것뿐입니다."

젊은이는 아주 정중하게 말하였다. 달빛에 어리는 얼굴은 맑고 깨끗하여 보였다.

"선비의 몸으로 아무도 모르게 별당까지 오셨으니 참으로 남이 알까 두렵습니다."

말은 그렇게 하였지만 무언가 모르게 마음이 그 젊은 선비에게 다가서고 있었다. 마음에서 마음으로 이끌리는 정은 달빛처럼 출

렁였다. 그 뒤로 밤마다 별당 후미진 곳에는 도란거리는 속삭임이 들려 왔다. 그러나 선비가 어디 사는 누구인지 성도 이름도 몰랐다. 물어보지도 않았다. 알 필요도 없었고 그냥 도령이 좋기만 하였다.

그런데 좀 이상한 것은 도령이 찾아오는 시간과 돌아가는 시간이 그렇게 정확할 수가 없었다. 자정이 되면 나타났다가 첫닭이 울기 전에 돌아가는 것이었다. 높은 담을 넘어 어떻게 들어오는가도 몰랐다. 지키는 이들도 많건마는.

막상 만나면 할 이야기도 없는데 그렇게 좋을 수가 없었고 시간 가는 게 한스럽기만 하였다. 어느 날 밤이었다. 다른 때와는 달리 도령은 굳은 얼굴로 나타났다. 그리고 아주 나직한 소리로,

"우리가 만난 지는 오래되었지만 낭자는 나에 대하여 아무 것도 알지 못합니다. 나는 얼마 전 낭자의 어른처럼 이 고을에 군수로 있던 분의 아들입니다. 그런데 몹쓸 병에 걸려 죽은 몸이 되었답니다. 말하자면 나는 혼령입니다. 귀신으로 방황하다가 낭자의 아름다움을 보고 마음이 움직여 이

아우라지 처녀상

렇게 만나게 되었습니다. 그러나 이제는 당신을 정말로 사랑하게 되었습니다.

그러나 나는 저승의 사람이오, 낭자는 이승의 몸인데 어떻게 연분을 이을 수가 있단 말이오. 그 동안의 저의 소행을 용서하시고 행복하게 사십시오."

도령은 눈물을 흘리면서 어디론가 가버렸다. 맑은 하늘에 날벼락이었다. 가슴이 아팠다. 다시는 도령을 만날 수 없다 생각하니까. 하지만 이것은 엄연한 현실. 달리 마음을 달랠 길이 없었다. 드디어 마음의 병으로 몸져눕게 되었다. 눈을 감고 잊으려 해도 잊을 수가 없었다. 벙어리 냉가슴을 앓아누웠다. 의원을 불렀으나 고칠 수가 없었다. 혼자 몸부림을 칠 수밖에.

어디 마땅히 의논할 상대도 없었다. 의원을 불러 진맥을 하고 처방을 하였지만 쓸모가 없었다. 낭자는 이제 어차피 일이 이 지경에 이르렀으니 어쩔 수가 없다고 생각한 나머지, 모든 사실을 아버지에게 다 털어놓았다. 이야기를 다 들은 아버지는 눈을 감고 딸을 위로하였다.

"이게 어디 너의 잘못이냐. 사람이 아니고 귀신의 장난이니, 나라고 한들 달리 길이 없다. 그러니 다 잊어버리고 마음을 크게 먹어야 한다."

"아버님, 제가 마음을 잘 못 먹어 이렇게 되었습니다. 이미 때는 늦었습니다. 어머님을 뵈올 얼굴도 없고요. 만일 제가 죽거든 어머님이 계시는 한양으로 가는 길이 잘 보이는 곳에 묻어주십시오. 몸은 비록 죽더라도 어머님의 가르침을 지키지 못한 죄를 빌며 어머님을 그리면서 떠나고자 합니다."

며칠 뒤 낭자는 이승을 떴다. 낭자의 유언대로 봉화산 옆에 묻어주었다. 망연자실, 군수는 할 말을 잃고 틈만 나면 봉화산을 쳐다보며 딸을 생각하였다. 그 뒤부터 어머니를 사모하는 조 낭자의 무덤이 있다고 하여 고을의 사람들은 사모산이라 부르게 되었다.

산 자와 죽은 이의 가는 길이 다름일세
모습은 간 데 없고 그리움만 살아남아
푸른 뫼 볕 바른 양지 진달래로 피는 것을


## 3. 효양리의 모녀

신라 무렵. 화랑 효종이 남산 포석정에서 잔치를 벌이니 아는 사람들이 서둘러 달려 왔다. 그런데 낭도 가운데 오직 두 사람만이 뒤늦게 오므로 그 까닭을 물었다.

"분황사 동쪽 마을에 한 가난한 여인이 있는데 나이는 스무 살 안팎이었습니다. 그는 눈 먼 어머니를 안고 서로 목을 놓아 울기에 마을 사람들에게 이유를 물었습니다. 저 여인은 집이 가난하여 이 집 저 집 빌어다가 어머니를 모신 지가 벌써 여러 해.

그해는 몹시 가물어 얻어온 밥으로 어머니 모시기도 힘이 들었답니다. 남의 집에 가서 품을 팔아 곡식 30석을 얻어 주인집에 맡겨 놓았습니다. 날이 저물면 쌀을 가지고 와서 밥을 지어 어머니께 드리고 같이 잠을 자고 날이 새면 주인집에 가서 등이 휘도록 일을 했답니다. 이렇게 한 지 며칠이 되었는데 어머니가 물었습니다."

"앞서 몹시 거친 밥을 먹을 때는 마음이 편하더니 요새 와서는 쌀밥을 먹는데도 창자를 찌르는 것 같이 아프니 어찌된 일이냐" 라고 딸에게 물었습니다. 딸이 사실대로 모든 것을 말하니 어머니가 목을 놓아 울었습니다. 딸은 자신이 입에 풀칠하는 것만 알았지 어머니의 마음을 편하게 모시지 못하였음을 탄식하며 울었습니다.

이 사연을 들은 효종랑은 모녀를 불쌍하게 여겨 곡식 일백 석을 그 집에 보냈다. 효종랑의 부모도 감복하여 옷 한 벌을 보내니 낭도들도 곡식 일천 석을 거두어 보내 주었다.

이 일을 알게 된 진성왕은 곡식 5백 석과 집 한 채를 내려 주고 또 한 군사들을 보내 그 집을 지켜 주도록 하였다. 그 마을을 표창하여 효양리라 불렀다. 그 뒤 그 집을 절로 내 놓으니 양존사(兩存寺)가 되었다(≪삼국유사≫ 효선 제9).

호의호식 좋다마는 편한 마음 같을 수가
눈은 멀되 밝은 마음 어둠까지 뚫어본다
효양리 꽃피는 밤을 별밤으로 지내오


## 4. 손순(孫順)의 아이

신라 흥덕왕 무렵. 손순은 경주 모량리 사람이었다. 그의 아버지는 학산이었다. 아버지가 일찍 돌아가자 아내와 함께 남의 집에 품을 팔아 먹거리를 구하여 어머니를 어렵게 모셨다. 어머니의 이름은 운오 부인이었다. 그들에게는 어린 아이가 하나 있었다. 매양 밥 때만 되면 어머니의 밥을 빼앗아 먹으려 드니 민망하기 그지없었다. 손순은 아내에게 말하였다.

"아이는 다시 낳을 수가 있지만 어머니는 그렇지가 않소. 그런데 아이가 어머님 밥을 빼앗으니 어머니는 드실 것이 없지 않소. 이 아이를 땅에 묻어 어머님 배를 부르게 해드리는 것이 옳소."

이내 아이를 업고 취산 북쪽에 들어가서 땅을 파는데 이상하게도 돌종이 나왔다. 내외는 궁리 끝에 돌종을 나무에 걸어 놓고 두드려 보니 그 소리가 들을 만하였다.

아내가 말하였다.

"이 돌종은 아마도 이 아이의 몫인 듯합니다. 그러니 이 아이를 묻어서는 아니 되겠습니다."

손순도 그렇다 싶어 아이와 돌종을 지고 집으로 다시 돌아왔다. 종을 들보에 매달아 치니 그 소리가 대궐에까지 들렸다. 흥덕왕이 이 소리를 듣고 신하들에게 말하였다.

"맑은 소리가 이렇게 멀리 들리니 보통 종소리가 아니다. 그 집을 찾아 조사하고 오라."

임금은 신하로 하여금 그 집을 찾아보도록 하였다. 신하가 그 사실을 임금에게 아뢰었다. 임금이 말하였다.

"옛날 중국 한 나라 때 곽거라는 사람의 효성이 지극하여 하늘에서 금 솥을 내렸다고 들었노라. 이번에는 손순이 아이를 묻으려 하자 땅에서 돌 종이 솟았으니 앞선 시대의 효도와 지금의 효도를 하늘이 함께 보시는구나."

이에 집 한 채를 내리고 해마다 벼 오십 석씩을 주어 그 효성을 표창하였다. 손순은 그가 살던 집을 절로 삼아 홍효사(弘孝寺)라 하고 돌 종을 달아두었다.

진성왕 때 후백제의 사나운 도둑들이 쳐들어와 종을 가져가 없어져 버리고 절만 남았다. 그 종을 얻은 땅을 완호평(完乎坪)이라 하였는데 뒤에 이름을 고쳐 지량평(枝良坪)이라 하였다(≪삼국유사≫ 효선 제9).

돌종이 우는 것은 놀라운 효성이라
그 소리 하늘까지 흥덕의 눈에 보여
돌종이 크게 울던 날 시든 풀에 단비가


## 5. 진정과 어머니

진정(眞定)은 신라 사람으로 스님이 되기 전 군대에 속해 있었다. 집이 가난하여 장가를 들 수가 없었다. 군에서 휴가를 얻게 되면 품을 팔아 곡식을 얻어 홀어머니를 모셨다. 집안의 재물이라고는 다리 부러진 솥 하나뿐이었다.

어느 날 중이 와서 절 지을 쇠붙이를 구한다고 하니 어머니는 솥을 시주하였다. 얼마 있다 아들이 돌아와 그 이야기를 하니 진정은 기쁜 얼굴로 말하였다.

"절 일에 시주를 하셨으니 잘 하셨습니다. 비록 솥이 없다고 하여도 무엇이 걱정입니까."

그러고는 질그릇 동이를 솥 삼아 먹거리를 익혀 어머니를 봉양하였다. 진정이 군에 있을 때, 의상법사가 태백산에서 설법한다는 이야기를 전해 듣고 가고 싶은 마음이 간절하여 어머니께 말씀드렸다.

"어머니 돌아가시면 머리 깎고 의상 스님에게 도를 배우겠습니다."

어머니는 말하였다.

"불법은 알기 어렵고 사람의 일생이란 빨리 지나가는 것이니 내가 죽은 뒤라면 늦지 않겠느냐. 내가 죽기 전에 빨리 가서 불도를 배우도록 하라."

"어머니를 두고 어디로 간다는 말입니까."

주먹밥

"아니다, 나를 위하여 네 뜻을 펴지 못한다면 그것은 나를 지옥으로 보내는 것이나 다름이 없다. 살아생전에 좋은 먹거리로 나를 대접한다 하더라도 이는 효도가 되지 않을 것이다. 비록 내가 남의 집 문전에서 얻어먹는 한이 있더라도 능히 살 만큼 살 것이니 내 말을 따르라."

어머니는 일어나 쌀자루를 모두 털어 보니 일곱 되 남짓한 쌀이 있었다. 이 쌀로 밥을 지은 어머니는 말하였다.

"네가 밥을 지어먹으면서 가자면 더딜 것이니 내 앞에서 한 되 밥은 먹고 엿 되 밥은 싸가지고 빨리 떠나거라."

진정은 울면서 말하였다.

"어머니를 버리고 출가함 또한 자식으로서 할 일이 아닌데 하물며 며칠 동안의 미음거리까지 모두 싸가지고 떠난다면 이는 하늘이 노할 일입니다."

세 번 사양하였으나 어머니는 끝내 말렸다. 어머니의 뜻을 어기기가 어려워 길을 떠나 밤낮으로 사흘을 가서 태백산에 이르렀다. 머리 깎고 의상스님의 제자가 되니 그 이름을 진정이라 하였다.

삼 년 뒤 어머니가 돌아가셨다는 소문을 듣고 진정은 어머니의 명복을 빈 지 칠 일만에 일어났다. 좌선을 통하여 어머니의 명복을 빌고 어머니가 계신 곳을 살펴드렸다.

진정의 선의식이 끝나자 이를 의상 스님에게 말씀드리니 문도 삼천을 거느리고 소백산 추동에 들어가 초가를 짓고 약 구십일 동안 화엄대전을 강론하였다. 의상의 제자 가운데 지통 스님이 강론의 요지를 간추려 두 권의 책을 만드니 이름 하여 추동기(錐洞記)라 이른다.

강론을 다 마치고 나니 진정의 꿈에 어머니가 나타나 이르기를, "나는 이미 하늘나라에 다시 살아났다." 진정은 더 없이 기뻤다 (《삼국유사》 효선 제9).

> 화살처럼 빠른 세월 길을 닦기 더디구나
> 있는 쌀 몽땅 털어 주먹밥을 싸주시니
> 어머니 기다리시매 길을 닦아 임의 앞에

# 강을 건너며

바람에 설레는 강물은 물새 소리며 흩어지는 별빛을 안고 올 날을 꿈꾸며 흐른다. 저승으로 가신 지 벌써 삼십여 년. 세상살이로 지친 마음 탓인가, 모습도 아련해 가고 자꾸만 멀어 감을 어이 하올지요. 탓이라면 정성이 모자란 까닭일 밖에요.

봄밤이 깊어 가는 검푸른 고마나루, 하얀 백사장에 희미한 별빛을 받으며 난 살기 싫다 아파서 못 살겠다고 물속으로 뛰어 들었던 당신. 얼마나 병에 시달렸으면, 마음이 얼마나 괴로웠으면 그러셨겠습니까. 평생을 속병으로 온 몸이 뒤틀리는 고통으로 사셨으니까요.

당신 어머니냐고, 이 할머니의 아들이냐고 젊은 경찰이 물었을 때, 아니라고 하고 싶었습니다. 말이 됩니까. 정말 그럴 수는 없는 건데요.

며칠 전 몹시 춥던 겨울 날 갑자기 내린 혈압으로 한 이레 동안 몸 져 누웠습니다. 빛바랜 당신의 사진을 안고 마냥 울었습니다. 그냥요. 우리 아무개 내 새끼하고 품에 안아 길렀던 당신의 아들이라 하기에는. 사진으로라도 뵙고 싶었습니다. 어머니.

엊그제 화산 너머에 있는 인각사 절에 갔었습니다. 역사에 길이 남을 삼국유사를 지으신 일연 스님이 계셨다기에. 알고 보니 일흔이 넘은 스님이 아흔 넘은 늙고 병든, 그것도 문둥병이 걸린 어머니를 모시기 위해 사람도 없는 이 외로운 산골에서 사셨다는 겁니다. 생각할수록 당신에 대한 죄스러움이 먹구름 하늘로 가슴을 뒤덮더이다. 그날따라 비가 내렸어요. 걸었습니다. 당신 생각에 흐르는 눈물. 밤새 내린 비로 불은 도랑물이 벼랑에 메아리치고 학소대는 구름 속으로 보일 듯 보이지 않습니다. 구름 속에서 부엉이 울음만 간간이 들릴 뿐.

밤 뻐꾸기가 강 건너 산에서 울고 있습니다. 밤도 깊고요. 비가 오려나봅니다. 구름 사이로 달무리가 얼룩져 보입니다. 세월이 흐르다 보면 저도 당신 계신 곳으로 가겠지요. 무엇이 되어 뵈올지, 한 줌의 흙이 되고 풀꽃이 되어. 아니 돌이 되어 당신은 어미 돌 저는 그 옆에 아기 조약돌이 되어 응석을 떨어 볼는지요.

희미한 달빛으로 여울지는 냇물. 병마에 시달린 당신의 모습이 물 위에 여기저기 흩어져 솔바람에 흔들리고 있습니다. 한창 어우러진 아카시아 꽃 숲에는 당신의 젖비린내가 향처럼 온 몸에 젖어

옵니다.

아픈 몸으로 저를 낳아 기르신 당신. 어떤 이들은 당신을 천치라고, 반푼이라 합니다. 셈수도 모르고 잘잘못을 가리지 못하니까요. 당신 몸 하나 추스르지 못했으니까. 저에게 그게 무슨 말입니까. 뭐가 문제입니까. 당신은 제 목숨의 샘물인걸요. 아이들을 낳아 기르면서 어렴풋이 알 듯합니다. 당신의 마음을요.

언제부터인가 흐르는 저 강물이, 밟고 다니는 이 부드러운 흙이 당신의 영혼 깃든 몸일 거라는, 저 하늘의 별이 당신의 넋일 거라는 생각을 했습니다. 산과 들에 나오면 흙을 만지고 일을 하노라면 당신의 품에 안겨 있다는 생각에 젖어듭니다. 발 빼고 금호강을 건너면서 당신의 사랑을 느끼곤 했습니다.

누가 뭐라 해도 당신은 제 목숨의 텃밭이요, 둥지입니다.

지난해 여기 강물이 바라보이는 강 마을로 이사를 왔습니다. 이웃과 함께 슬픔과 기쁨을 나누면서 당신을 느껴보고 싶었습니다. 막 달이 지고 있습니다. 야윈 찔레꽃 송이마다 별빛이 내려앉은 듯. 이제 꿈을 꾸렵니다. 아주 멀리 계시지만 가까이 당신 품에 안기는 꿈을요.

## ▍지은이 정호완

강원 횡성
아호 감내
농도원
공주사범대학 국어과
충남대 대학원 국문과
문학박사
공주고-대전고 교사
대구대 국어과 교수
길림대학 초빙 교수
대구대 사범대학장
대구대 평생교육원장
한글학회 회원
어문연구학회장
대구대 명예교수
세계문인협회 이사
옥수수-벼 다수확상
대구대 학술상
한글학회 표창
경북 문화상
홍조 근정 훈장


## 지은 글
우리말의 상상력 1-2
삼국유사의 종합적 연구 외 20여 권
올 날이 아름답다(시조집)
배달의 노래(시조집)
백두산 아리랑(시조집)

# 우리말의 뿌리

2008년 12월 12일 초판 발행

지은이  정호완
펴낸이  김흥국
펴낸곳  도서출판 **보고사**

등록  1990년 12월(제6-0429)
주소  서울시 성북구 보문동 7가 11번지
전화  922-5120~1(편집부), 922-2246(영업부)
팩스  922-6990
홈페이지  www.bogosabooks.co.kr
메일  kanapub3@chol.com

ISBN 978-89-8433-698-8 (03710)
정가  12,000원

▶잘못된 책은 교환하여 드립니다.